ELOGIOS À *LEIA ISSO E APRENDA*

"Blair Imani é a professora que eu queria ter tido na escola e a educadora com a qual me sinto grata de poder aprender agora. *Leia Isso e Aprenda* é um livro do qual o mundo precisa. Escrito em seu estilo característico que traz ensinamentos profundos de forma acessível e fácil, Blair responde às perguntas que tantos de nós estão se fazendo. Este livro ajuda a suprir as lacunas de entendimento que vários de nós têm e nos ajuda a sermos seres humanos e ancestrais melhores."

— LAYLA F. SAAD, AUTORA DE *EU E A SUPREMACIA BRANCA*

"Como uma jovem educadora na Planned Parenthood, Blair Imani demonstrou sua paixão por ensinar e construir comunidades. Em *Leia Isso e Aprenda*, ela nos oferece um mapa para entendermos melhor os mais importantes problemas de nossa cultura hoje, incluindo raça, classe, gênero e deficiência. Ela aborda esses tópicos fundamentais com humildade e oferece aos leitores as ferramentas das quais necessitam para aprender mais."

— CECILE RICHARDS, EX-PRESIDENTE DA PLANNED PARENTHOOD FEDERATION OF AMERICA (FEDERAÇÃO DE PATERNIDADE PLANEJADA DA AMÉRICA)

"Blair Imani escreve sobre identidade com astúcia e acessibilidade únicas, o que torna *Leia Isso e Aprenda* um guia essencial para curiosos de qualquer idade. O século XXI nos traz incontáveis oportunidades de parecermos bobos — de maneiras bem evitáveis e na frente de muitas pessoas —, mas, por sorte, a Blair está aqui para ajudar."

— JAMAL JORDAN, AUTOR DE *QUEER LOVE IN COLOR* (AMOR QUEER EM CORES, EM TRADUÇÃO LIVRE)

"Se quiser entender melhor o universo multifacetado das pessoas com deficiência, este livro é um excelente ponto de partida."

— JILLIAN MERCADO, MODELO, ATRIZ E FUNDADORA DA BLACK DISABLED CREATIVES (CRIATIVOS NEGROS COM DEFICIÊNCIA)

"*Leia Isso e Aprenda*, de Blair Imani, é um guia necessário para qualquer um comprometido com a justiça em sua vida pessoal e política. Imani conversa com os leitores com muita gentileza e oferece a eles ferramentas concretas para repensar raça, gênero, classe e sexualidade, e para imaginar um mundo diferente."

— JENNIFER C. NASH, AUTORA DE *BLACK FEMINISM REIMAGINED* (FEMINISMO NEGRO REIMAGINADO, EM TRADUÇÃO LIVRE)

"Eu realmente li isso para aprender, e a Blair Imani não decepciona. Como judeu queer, ler passagens tão atenciosas refletindo minha própria identidade me inspirou ainda mais a continuar me educando sobre as histórias e experiências dos outros."

— JAKE COHEN, AUTOR DO BEST-SELLER DO *NEW YORK TIMES JEW-ISH: A COOKBOOK* ("JUDEU": UM LIVRO DE RECEITAS, EM TRADUÇÃO LIVRE)

"Amo o estilo de ensinar da Blair Imani. Sua personalidade alegre e colorida (como suas roupas) deixam a aprendizagem divertida, mas o que mais gosto na Blair é como ela chama pessoas afetadas por certa questão ou assunto _____ sobre isso e ampliarem suas vozes. Queria que mais educadores fizesse___

— NATHALIE EMMANUEL, ATRIZ

LEIA ISSO E APRENDA

LEIA ISSO E APRENDA

SOBRE RAÇA, CLASSE, GÊNERO, DEFICIÊNCIA E MUITO MAIS

BLAIR IMANI

ALTA BOOKS
GRUPO EDITORIAL
Rio de Janeiro, 2023

Leia Isso e Aprenda

Copyright © 2023 da Starlin Alta Editora e Consultoria Ltda.
ISBN: 978-85-508-1946-4

Translated from original Read This To Get Smart. Copyright © 2021 by Blair Imani. ISBN 978-1-9848-6054-5. This translation is published and sold by permission of Random House, a division of Penguin Random House LLC, New York, the owner of all rights to publish and sell the same. PORTUGUESE language edition published by Starlin Alta Editora e Consultoria Ltda, Copyright © 2023 by Starlin Alta Editora e Consultoria Ltda.

Impresso no Brasil — 1ª Edição, 2023 — Edição revisada conforme o Acordo Ortográfico da Língua Portuguesa de 2009.

Todos os direitos estão reservados e protegidos por Lei. Nenhuma parte deste livro, sem autorização prévia por escrito da editora, poderá ser reproduzida ou transmitida. A violação dos Direitos Autorais é crime estabelecido na Lei nº 9.610/98 e com punição de acordo com o artigo 184 do Código Penal.

A editora não se responsabiliza pelo conteúdo da obra, formulada exclusivamente pelo(s) autor(es).

Marcas Registradas: Todos os termos mencionados e reconhecidos como Marca Registrada e/ou Comercial são de responsabilidade de seus proprietários. A editora informa não estar associada a nenhum produto e/ou fornecedor apresentado no livro.

Erratas e arquivos de apoio: No site da editora relatamos, com a devida correção, qualquer erro encontrado em nossos livros, bem como disponibilizamos arquivos de apoio se aplicáveis à obra em questão.

Acesse o site **www.altabooks.com.br** e procure pelo título do livro desejado para ter acesso às erratas, aos arquivos de apoio e/ou a outros conteúdos aplicáveis à obra.

Suporte Técnico: A obra é comercializada na forma em que está, sem direito a suporte técnico ou orientação pessoal/exclusiva ao leitor.

A editora não se responsabiliza pela manutenção, atualização e idioma dos sites referidos pelos autores nesta obra.

Dados Internacionais de Catalogação na Publicação (CIP) de acordo com ISBD

I311　Imani, Blair
Leia isso e aprenda: sobre raça, classe, gênero, deficiência e muito mais / Blair Imani ; traduzido por Luiza Thomaz. - Rio de Janeiro : Alta Books, 2023.
194 p. ; 16cm x 23cm.

Tradução de: Read This To Get
Inclui bibliografia e índice.
ISBN: 978-85-508-1946-4

1. Ciências sociais. 2. Raça. 3. Classe. 4. Gênero. 5. Deficiência. I. Thomaz, Luiza. II. Título.

2023-191　　　　　　　　　　　　　　　　　　　CDD 300
　　　　　　　　　　　　　　　　　　　　　　　　CDU 3

Elaborado por Vagner Rodolfo da Silva - CRB-8/9410

Índice para catálogo sistemático:
1. Ciências sociais 300
2. Ciências sociais 3

Produção Editorial
Grupo Editorial Alta Books

Diretor Editorial
Anderson Vieira
anderson.vieira@altabooks.com.br

Editor
José Ruggeri
j.ruggeri@altabooks.com.br

Gerência Comercial
Claudio Lima
claudio@altabooks.com.br

Gerência Marketing
Andréa Guatiello
andrea@altabooks.com.br

Coordenação Comercial
Thiago Biaggi

Coordenação de Eventos
Viviane Paiva
comercial@altabooks.com.br

Coordenação ADM/Finc.
Solange Souza

Coordenação Logística
Waldir Rodrigues

Gestão de Pessoas
Jairo Araújo

Direitos Autorais
Raquel Porto
rights@altabooks.com.br

Assistente Editorial
Gabriela Paiva

Produtores Editoriais
Illysabelle Trajano
Maria de Lourdes Borges
Thales Silva
Thiê Alves

Equipe Comercial
Adenir Gomes
Ana Claudia Lima
Andrea Riccelli
Daiana Costa
Everson Sete
Kaique Luiz
Luana Santos
Maira Conceição
Nathasha Sales
Pablo Frazão

Equipe Editorial
Ana Clara Tambasco
Andreza Moraes
Beatriz de Assis
Beatriz Frohe
Betânia Santos
Brenda Rodrigues

Caroline David
Erick Brandão
Elton Manhães
Gabriela Nataly
Henrique Waldez
Isabella Gibara
Karolayne Alves
Kelry Oliveira
Lorrahn Candido
Luana Maura
Marcelli Ferreira
Mariana Portugal
Marlon Souza
Matheus Mello
Milena Soares
Patricia Silvestre
Viviane Corrêa
Yasmin Sayonara

Marketing Editorial
Amanda Mucci
Ana Paula Ferreira
Beatriz Martins
Ellen Nascimento
Livia Carvalho
Guilherme Nunes
Thiago Brito

Atuaram na edição desta obra:

Tradução
Luiza Thomaz

Codisque
Alberto Gassul

Revisão Gramatical
Raquel Escobar
Caroline Guglielmi

Diagramação
Natalia Curupana

Capa
Paulo Vermelho

Editora afiliada à:

ALTA BOOKS
GRUPO EDITORIAL

Rua Viúva Cláudio, 291 — Bairro Industrial do Jacaré
CEP: 20.970-031 — Rio de Janeiro (RJ)
Tels.: (21) 3278-8069 / 3278-8419
www.altabooks.com.br — altabooks@altabooks.com.br
Ouvidoria: ouvidoria@altabooks.com.br

PARA TODO ALGUÉM QUE JÁ FOI
TRATADO COMO NINGUÉM.

SUMÁRIO

INTRODUÇÃO	**XIII**

CAPÍTULO 1
APRENDA MAIS SOBRE IDENTIDADE 1

NOMES	**3**
PRONÚNCIA	6
GÊNERO	7
NOMES MORTOS	8
NOMES E PRECONCEITO	9
SOBRENOMES	11
PRONOMES	**14**
VALORES E CRENÇAS	**17**
QUESTÕES PARA REFLETIR	**21**

CAPÍTULO 2
APRENDA MAIS SOBRE RELACIONAMENTOS 23

FAMÍLIA	**26**
ESTRUTURAS FAMILIARES	27

ADOÇÃO	29
RELAÇÕES FAMILIARES TÓXICAS	32
AMIZADE	**34**
RELACIONAMENTOS ÍNTIMOS	**39**
RELACIONAMENTOS ABUSIVOS	41
MANTENDO RELACIONAMENTOS	**44**
LIMITES	45
COMUNICAÇÃO	48
RESPONSABILIZAÇÃO E DESCULPAS	51
QUESTÕES PARA REFLETIR	**53**

CAPÍTULO 3

APRENDA MAIS SOBRE CLASSE 55

TRABALHO E CLASSE	**57**
CAPITALISMO	**62**
CAPITALISMO RACIAL	64
SOCIALISMO	**66**
ACÚMULO DE RENDA VERSUS	
ECONOMIA COOPERATIVA	**70**
QUESTÕES PARA REFLETIR	**74**

CAPÍTULO 4

APRENDA MAIS SOBRE DEFICIÊNCIA 75

MODELOS DE DEFICIÊNCIA	**77**
FALANDO SOBRE DEFICIÊNCIA	**82**
TIPOS DE DEFICIÊNCIA	**85**
CAPACITISMO	**89**
QUESTÕES PARA REFLETIR	**91**

CAPÍTULO 5
APRENDA MAIS SOBRE RAÇA E RACISMO — 93

RAÇA	**94**
BRANQUITUDE E SUPREMACISMO BRANCO	**106**
ANTISSEMITISMO	108
RACISMO	**110**
RACISMO INTRAPESSOAL	112
RACISMO INTERPESSOAL	115
RACISMO INSTITUCIONAL	121
QUESTÕES PARA REFLETIR	**124**

CAPÍTULO 6 — 125
APRENDA MAIS SOBRE SEXO, GÊNERO E ORIENTAÇÃO SEXUAL — 125

SEXO	**128**
GÊNERO	**131**
IDENTIDADE, PAPÉIS E EXPRESSÃO DE GÊNERO	133
ORIENTAÇÃO SEXUAL	**136**
IDENTIDADE LGBTQ+	139
SAINDO DO ARMÁRIO	143
QUESTÕES PARA REFLETIR	**146**
CONCLUSÃO	**149**
BIBLIOGRAFIA	**153**
AGRADECIMENTOS	**167**
SOBRE A AUTORA	**171**
ÍNDICE	**173**

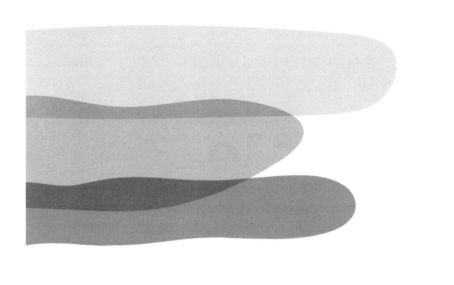

INTRODUÇÃO

Bem-vinde! Obrigada por estar aqui. Meu nome é Blair Imani e sou autora, educadora e historiadora. Creio firmemente que a aprendizagem é uma dádiva e dedico minha vida a aprender e a ajudar os outros em sua aprendizagem. Primeiro de tudo: você já é inteligente. A inteligência é a habilidade de aprender e pôr em prática informações, e isso é algo que todos fazemos dia após dia. Mesmo já sendo inteligentes, sempre é possível aprendermos mais sobre o mundo, sobre tópicos com os quais não temos grande familiaridade e sobre as vivências de outras pessoas. *Leia Isso e Aprenda* explora como podemos nos tornar mais informados, solidários e intencionados no esforço para melhor entender a nós mesmos, aos outros e aos sistemas que nos cercam. Aprender é uma jornada, não uma destinação, e boa parte do nosso caminho envolverá desaprendizagem. Paciência, respeito mútuo e perseverança são ferramentas importantes para levarmos no percurso.

Pode ser frustrante perceber que nunca chegaremos ao fim de nossas jornadas de aprendizagem, mas também é um estímulo, pois podemos constantemente transformar nossas perspectivas à medida que informações mais corretas são disponibilizadas. Muitos dos entendimentos que aprendemos e nos quais fomos socialmente levados a crer têm como base suposições de colonizadores europeus há muito falecidos, que trabalharam para manter sistemas de supremacia e dominação em vez de apresentarem fatos, evidências ou verdades.

Se aprender mais não for nossa prioridade, estaremos negando a nós mesmos a total complexidade da experiência humana, subsistindo então em pressupostos inadequados e nocivos. Não é minha intenção apresentar soluções para a infinidade de consequências dessas suposições — em vez disso, ofereço um ponto de partida para chegarmos a um entendimento comum. Inspirado em *Smarter in Seconds*, minha série de vídeos de microaprendizagem de 30 segundos que viralizou, *Leia Isso e Aprenda* utiliza minha concisão característica para tornar conceitos teóricos e abstratos mais concretos de uma maneira bem pesquisada, bem-apresentada e acessível. Faço o possível para educar os outros mantendo a humildade e me sinto honrada por você ter dedicado parte do seu tempo nesta vida para aprender comigo e junto a mim.

Leia Isso e Aprenda está dividido em capítulos sobre identidade, relacionamentos, classe, deficiência, raça e racismo, além de sexo, gênero e orientação sexual. Começando por nós mesmos e seguindo para fora, meu objetivo com este livro é oferecer uma importante base de conhecimento pronta para ser expandida. Aprenderemos usando informações fortemente apoiadas por registros decoloniais históricos e antropológicos, pela sociologia e por trabalhos de acadêmicos do passado e da atualidade. Este livro contém ferramentas valiosas, como tabelas sobre terminologias e as explicações correspondentes, orientação para interações interpessoais, como formas de pedir desculpas, e uma linha do tempo abrangente sobre a invenção do que é raça. Cada jornada para aprender mais é diferente, então sinta-se livre para ler este livro na ordem, pular capítulos e fazer anotações em muito ou pouco tempo, conforme a necessidade. Cada capítulo termina com perguntas para reflexão que ajudam a pôr em prática seus novos entendimentos — você pode pensar sobre elas, discuti-las com um amigo ou analisá-las em seu diário. Nossa própria consciência significa que somos capazes de *Aprender* e vivenciar coletivamente o quanto isso é uma dádiva todos os dias. Vamos começar.

CAPÍTULO 1

APRENDA MAIS SOBRE IDENTIDADE

Antes de iniciarmos nossa jornada, vamos começar por *você*. Quem é você? A resposta a essa pergunta tão importante é o que constitui nossa identidade. Qualquer conversa sobre identidade pode se tornar abstrata e filosófica muito rapidamente; neste capítulo, discutiremos identidade como a combinação das identidades pessoal e social.

A *identidade pessoal* é o modo como uma pessoa se vê, enquanto a *identidade social* é como os outros a veem. A identidade pessoal tem relação com o que torna você uma pessoa única, como interesses, crenças, identidade de gênero e orientação sexual. Embora a formação da identidade esteja, de muitas formas, conectada à socialização, apenas nós mesmos somos capazes de estabelecer nossa identidade pessoal.

A identidade social, por ser ditada por aqueles que nos cercam e conectada ao conceito de pertencimento social, comumente é priorizada em detrimento da identidade pessoal em situações sociais. Embora a identidade social possa englobar algumas (ou até muitas) partes da nossa identidade pessoal, isso não é regra, pois o modo como entendemos quem somos nem sempre é o mesmo pelo qual os outros nos entendem. Por exemplo, como mulher bissexual, é comum eu ser identificada incorretamente pelos outros como mulher heterossexual. O fato de às vezes não acreditarem ou entenderem que sou bissexual não é devido a uma falha minha em ser "bissexual o suficiente", e sim ao *apagamento bissexual*, que torna a bissexualidade tanto invisível quanto desacreditada. Nós bissexuais o somos a despeito de como os outros nos veem e não importando se estamos solteiros ou em um relacionamento. Nesse aspecto identitário, minhas identidades social e pessoal nem sempre se alinham. Estereótipos, apagamento e sistemas de opressão fazem com que muitos de nós sejam vistos de maneiras fundamentalmente desconectadas de nossas realidades pessoais. Apesar disso, nossa identidade pessoal permanece válida mesmo quando não é respeitada externamente em nossa identidade social.

Podemos entender identidade como uma flor de muitas pétalas. Pense em sua flor favorita e imagine que os componentes que formam "você" — sejam identidades pessoais ou sociais — são as pétalas dessa flor. Eu me vejo como um girassol com muitas pétalas que representam minha identidade de gênero mulher, minha orientação sexual bissexual, minha identidade religiosa muçulmana, minha identidade racializada negra, minha identidade nacional estadunidense, os idiomas inglês e espanhol que falo, meus relacionamentos, as áreas da minha carreira e meus interesses. Essas pétalas podem cair, crescer e mudar conforme vivemos, e podemos decidir ter muitas ou poucas. Com esse entendimento, podemos nos assegurar de que poucas pessoas olham uma flor e a julgam por quantas pétalas ela tem. Em vez disso, aceitamos a flor como um todo, bonita e singular. Seja você complexa como uma orquídea ou minimalista como uma tulipa, é uma parte radiante do jardim da vida. Antes de eu começar a pensar em identidade dessa forma, considerava as pétalas de quem sou como demasiado numerosas e complexas. Ao listar as partes da minha identidade, pensava que devia apará-las um pouco — por exemplo, ao me converter ao islamismo em 2015, senti que precisava remover um rótulo identitário para dar espaço para minha nova identidade religiosa. A sociedade fez com que eu sentisse que minha identidade era muito exagerada, muito *outra*, muito diferente — mas isso não é nem um pouco verdade. Quem somos é algo real e válido, não importando se os outros nos entendem.

NOMES

Como você já sabe, meu nome é Blair Imani. Porém, talvez não saiba que meus pais me registraram Blair Elizabeth. O nome que recebemos ao nascer geralmente é chamado de "nome de batismo" ou "nome de nascença". Em algumas comunidades, o nome que aparece nos documentos governamentais é chamado de "nome oficial". Esse nome, que você pode considerar seu nome de batismo, nome oficial ou nome de nascença, pode ser diferente do que usa no mundo, e está tudo bem. Nomes muitas vezes são a primeira ou única coisa que as pessoas sabem sobre nós, então faz sentido que devamos gostar de nossos nomes e nos sentir confortáveis com eles. Se não é o caso, podemos mudá-los. Foi o que eu fiz! Em várias épocas da minha vida, não gostava do meu nome de nascença. Sempre gostei de "Blair", mas "Elizabeth" nunca me agradou muito. Quando criança, era porque achava difícil soletrar Elizabeth. Depois de aprender a soletrar, porém, continuei não gostando do nome, porque para mim era nome de mulher branca. Embora o ideal seja que nomes não sejam racializados, a realidade é que costumam ser. À medida que o tempo passou, comecei a perceber que quando as pessoas leem o nome "Blair Elizabeth" não imaginam alguém como *eu*. O exemplo mais doloroso disso foi quando fui contratada por um escritório de advocacia. Fiquei surpresa porque me contrataram direto pelo telefone. Viram meu currículo, leram meu nome e sentiram que eu era a escolha perfeita.

Quando cheguei para meu primeiro dia, na hora certa e pronta para trabalhar, esperei na recepção por uns 30 minutos. Sempre que tentava sinalizar minha presença, me garantiam que logo seria atendida. Sendo bisbilhoteira de carteirinha, logo entreouvi a recepcionista se perguntando "Onde está a tal Blair?". Eu educadamente pigarreei e disse "Olá!". Novamente, ela me garantiu que logo me atenderia. A recepcionista decidiu por fim ligar para a nova contratada, Blair, para ver se ela viria. Meu celular tocou. Atendi olhando nos olhos da recepcionista chocada. A empresa havia contratado alguém com muito mais "diversidade" do que o esperado. Blair Elizabeth não era, como eles haviam suposto, uma mulher branca, mas uma negra. Na verdade, descobri naquele momento que era a primeira pessoa negra a ser contratada em todas as décadas de história da empresa. *Opa!*

Como parte de nossas identidades pessoal e social, os nomes ajudam a nos distinguir do resto do mundo. Podem nos ser dados formalmente quando pequenos por nossos responsáveis, ou como apelidos por outros membros da família e amigos, e/ou podem ser escolhidos por nós mesmos. No nível mais básico, nomes são apenas agrupamentos de letras e sons associados. É claro que, na prática, raramente é simples assim. Quais e quantos nomes temos — assim como suas grafias, pronúncias e associações culturais — geralmente formam parte da nossa identidade social. Para além disso, quais nomes são legalmente aceitos ou banidos é algo que costuma ser definido por instituições como o governo. Nos Estados Unidos, as leis para nomes diferem a depender do estado. São impostos limites de caracteres para que os nomes possam ser registrados em bases de dados estatais, e leis contra obscenidades ditam quais nomes não são permitidos. Números e símbolos em nomes podem ser aceitos em certos estados e banidos em outros, e alguns aceitam números e símbolos desde que sejam soletrados (por exemplo, eu poderia chamar meu filho de Asterisco, mas na certidão de nascimento não poderia escrever simplesmente "*"). Fora dos parâmetros legais também existem os sociais para "nomes aceitáveis". O que não é "aceitável" para nomes tem a ver com normas e preconceitos sociais relacionados à raça, ao gênero e outros.

Você já conheceu algum Thomas chamado de "Tom"? Ou alguém que usa só o segundo nome, ou um outro nome que não faz parte de seu nome oficial ou de nascença? São os apelidos, um ótimo exemplo de como geralmente se espera que usemos — e nos sentimos confortáveis em usar — os nomes escolhidos por uma pessoa, mesmo que sejam diferentes dos nomes oficiais ou de nascença. Em contrapartida, esperamos que as pessoas nos chamem pelos nomes que escolhemos e consideramos um ato importante de respeito nos lembrarmos desses nomes e usá-los de maneira apropriada.

No meu caso, senti que meu nome de nascença tinha uma conotação com a qual eu não me identificava, então mudei "Blair Elizabeth" para "Blair Imani". *Imani* é uma palavra que significa "fé" em suaíle, o que foi perfeito para mim, pois troquei de nome na mesma época em que me converti ao islamismo. Também me agrada ele ter cinco letras, como meu primeiro nome, e acho que soa bem, o que é importante para mim. No início, minha mãe não ficou muito feliz por eu estar usando um nome que ela não escolheu, o que foi complicado. Ela, porém, já aceitou. Meu pai acolheu bem a ideia, já que muitos dos amigos dele, durante as décadas de 1960 e 1970, mudaram seus nomes para outros que consideravam representar melhor sua herança africana. O mais importante é que amo meu nome. Se os outros aprovam ou não a mudança no meu nome — ou no nome de alguém mais —, não importa. As pessoas continuarão a exercer a autodefinição e a autonomeação por diversos motivos. Sinto-me confortável em compartilhar as razões pelas quais mudei meu nome, mas outros podem não sentir o mesmo. Embora talvez tenhamos curiosidade sobre o porquê algumas pessoas adotam um ou outro nome, na verdade não é necessário saber os motivos para a modificação ou troca de um nome para respeitá-lo e usá-lo corretamente.

PRONÚNCIA

Aprender a pronunciar o nome de outras pessoas da forma mais correta que nossas habilidades nos permitem é uma parte importante do respeito à identidade delas. Ouvir seu nome ser massacrado sempre que conhece alguém novo pode ser algo muito cansativo e invalidante. Meu parceiro, Akeem, costumava adotar o apelido "Keem", recebido na infância, que parecia ser mais fácil para os outros pronunciarem. Ele ainda precisa responder com frequência à pergunta "É *ra*-kim, *ā*-kim ou *á*-kim?" (é *ā*-kim), mas como adulto é mais fácil lidar com isso. Ele não se importa em responder à questão "Como se pronuncia o seu nome?" para as pessoas que perguntam de forma respeitosa. Fazer comentários sobre o nome de alguém ou dizer que é muito difícil é algo desdenhoso, ofensivo e desnecessário. Esforçar-se para aprender como pronunciar adequadamente o nome de outras pessoas é uma excelente maneira de mostrar que as respeitamos e que nos importamos com elas.

Uma forma de aprender mais sobre a pronúncia de nomes é lembrar que não existem "nomes difíceis" ou "nomes fáceis". Existem apenas nomes com os quais você tem familiaridade e nomes que ainda não conhece — e certamente há mais no último grupo do que no primeiro. Quando conheço alguém com um nome com o qual nunca me deparei, dedico um tempo para aprendê-lo. Se estou me comunicando com alguém verbalmente, peço que repita o nome se não entendi de primeira. Quero me certificar de que não estou trucidando seu nome e, com isso, desrespeitando a pessoa. Costumo ser capaz de imitar os sons que outras pessoas fazem, mas nem todos podem ouvir ou falar. Se você tem uma deficiência auditiva ou de fala, pronunciar o nome de alguém quando o comunicam a você pode representar uma dificuldade ou não ser possível, mas está tudo bem (vamos analisar o capacitismo e as deficiências no capítulo 4). Às vezes eu aprendo melhor quando algo está escrito, então posso pedir para a pessoa soletrar o nome. Cada um aprende de forma diferente, e devemos decidir o que funciona melhor para nós. Muitas vezes constatei que pessoas com nomes singulares já têm pronta uma forma rápida de aprender por meio de rima com uma palavra mais conhecida. Se sinalizarem que você pronunciou o nome de maneira incorreta, agradeça por lhe avisarem, peça que repitam o nome em voz alta e siga em frente. Como disse a mãe da atriz Uzo Aduba, "se eles são capazes de aprender a pronunciar Tchaikovsky, Michelangelo e Dostoiévski, podem aprender Uzoamaka".

GÊNERO

Muitos nomes têm significados ou conotações de gênero, que podem variar nos mesmos ou em diferentes contextos e comunidades. Meu primeiro nome, Blair, é considerado por muitos como tendo gênero neutro, parte do motivo pelo qual meus pais o escolheram. Nomes femininos, masculinos e neutros podem moldar ou expressar outros elementos de nossa identidade pessoal, como a identidade e a expressão de gênero (falaremos mais sobre isso no capítulo 6). Associações de gênero em nomes diferem muito entre culturas e comunidades — por exemplo, nos Estados Unidos o nome "Sasha" pode ser considerado feminino, enquanto na Rússia ele pode ser tido como masculino.

Se uma pessoa não se identifica com o gênero associado a seu nome, pode trocá-lo para um que melhor afirme seu gênero. Para meu amigo Milo, escolher um nome mais alinhado à sua identidade de gênero foi parte importante de sua transição. Quando as pessoas em sua vida começaram e continuaram a usar o nome correto, ele se sentiu validado e respeitado por elas. Por outro lado, quando apresentaram dificuldades para aprender e usar esse nome, ele se sentiu desrespeitado, embora soubesse que em alguns casos era um erro genuíno. Apesar de ser natural cometer erros, especialmente ao aprender algo novo, intenção e impacto não são a mesma coisa, e erros podem ainda assim ser nocivos. A pessoa tendo ou não a *intenção* de nos desrespeitar não muda o sentimento de sermos desrespeitados.

NOMES MORTOS

Quando uma pessoa muda o nome como parte do processo de afirmação de gênero, seu nome anterior muitas vezes é chamado de "nome antigo" ou "nome morto", e geralmente é ofensivo usar ou perguntar o nome morto de alguém. Meu antigo nome, Blair Elizabeth, não seria considerado meu nome morto, pois sou cisgênero e não o alterei como parte de afirmação ou transição de gênero. A abrangência da transfobia e a falta de conhecimento geral sobre a diversidade de gênero resulta em muitos se recusarem a usar o nome correto de uma pessoa transgênero ou não binária, prática chamada de *deadnaming* (usar nome morto). Quem faz uso dessa prática pode não se importar em chamar um amigo cisgênero de "Harry" em vez de "Harold", mas sob o manto da transfobia, pode afirmar que acha totalmente absurdo usar o nome correto e atual de uma pessoa trans, não binária ou gênero-atípica. Isso não só é errado como extremamente desrespeitoso e nocivo para o senso de identidade de uma pessoa. Indivíduos que usam esses nomes mortos também podem forçar as pessoas a dizerem seus "nomes de verdade" (querendo dizer o nome morto), mas o verdadeiro nome de uma pessoa é o que ela usa atualmente.

Tudo o que você precisa saber sobre o nome de alguém é o que compartilham com você. O modo de evitar o *deadnaming* e o desrespeito é aprender sobre a transfobia, o que faremos no capítulo 6, e sempre usar — sem questionar — o nome de uma pessoa como ela disser. Fim da história. Isso serve para pessoas que você não conhece, assim como para as que já conhece e que podem ter mudado o nome ou estão usando agora um nome diferente. Se alguém lhe disser que está usando um nome diferente do de antes, esforce-se para se lembrar disso e sempre use o nome atual. Se por engano você usar o nome anterior ou nome morto, geralmente é melhor pedir desculpas breves e mudar de assunto. Entenda que dizer "sinto muito" nem sempre significa que um pedido de desculpas vá ser ou deva ser aceito imediatamente, especialmente se o mesmo erro ou dano for repetido. Unir um pedido de desculpas com uma afirmação de intenção é uma excelente maneira de demonstrar respeito e confiança. Em vez de dizer "sinto muito", pode dizer, por exemplo, "sinto muito, sei que seu nome é Lucy, vou me esforçar para acertar, pois quero que saiba que eu a respeito". Tente não se desculpar demais. As desculpas em excesso ocorrem quando nossa preocupação aguçada em não ofender ou magoar alguém acaba sendo em si danosa. Evite que o foco da situação seja o quão mal *você* se sente. Fazer isso se chama "centralizar seus sentimentos", e pode tirar a atenção da pessoa a qual você pode ter ofendido ou desrespeitado (veja a página 52 para mais dicas de como pedir perdão).

Tenha em mente que uma pessoa pode dar permissão para usar seu nome antigo ou morto quando fizer referência a ela em um momento anterior à mudança de nome, mas isso depende do indivíduo. Por exemplo, se você tem uma amiga de infância que conhecia por um nome, mas que agora se chama "Diana", ela pode se sentir respeitada se você se referir a ela como Diana mesmo quando estiver falando do passado, quando ela ainda não usava esse nome. Ou a Diana pode não se importar se você usar o nome dela de infância quando estiver se referindo ao passado. Todo mundo é diferente. Na dúvida, e dependendo da sua relação com a pessoa, é melhor perguntar respeitosamente o que fazer, mas tendo o cuidado de evitar partir de uma posição autoritária ao perguntar sobre detalhes pessoais da vida de alguém, como nomes que podem ter sido usados anteriormente.

NOMES E PRECONCEITO

Um nome ser "comum" ou não muitas vezes depende do que você considera "comum", algo extremamente subjetivo. Nos Estados Unidos, *Mary*, *John*, *Michael* e *Joseph* estiveram entre os nomes mais populares por décadas, graças à influência do cristianismo, pois todos esses nomes aparecem na Bíblia. Em países onde se fala espanhol, os nomes *Maria*, *Juan*, *Miguel* e *José* são igualmente comuns, pelo mesmo motivo. O nome *Jesus* (pronunciado "re-*zúz*") também é muito popular em países hispanofalantes, mas *Jesus* (pronunciado "*djí*-zás") não é tão popular em países anglófonos.

Durante a chamada, na escola, é comum que os professores perguntem aos alunos por qual nome gostariam de ser chamados em sala de aula (o ideal seria isso acontecer por e-mail antes das chamadas, para não haver momentos constrangedores nos quais o nome que alguém não usa é lido em voz alta, podendo deixar tal estudante com vergonha). Isso acontecia com frequência quando eu estava no ensino fundamental; meus amigos taiwaneses tinham seus nomes em mandarim nos documentos da escola e usavam o que descreviam como seus nomes americanos em sala de aula. Isso é muito comum, embora as razões para essa prática mudem de acordo com a pessoa. Em alguns casos, pode ser para ajudar o aluno a se conectar e desenvolver um senso de pertencimento a uma cultura dominante, e, em outros, pode ser para evitar que professores e colegas pronunciem o nome errado, ou para evitar xenofobia ou racismo. Usar outro nome, é claro, não é garantia de escapar do preconceito, mas os indivíduos têm direito a fazer as próprias escolhas — e até mudar de ideia — sobre seus nomes. Talvez nunca saibamos por que alguém usa determinado nome, e saber não é um direito nosso.

Os preconceitos e suposições sobre nomes diferentes têm consequências, em especial quando tais nomes indicam que a pessoa está fora da cultura dominante. Um estudo sobre o assunto constatou de forma sistemática que, em currículos, nomes que parecem pertencer a pessoas brancas têm mais chances de receber resposta do que aqueles que aparentam ser de pessoas negras ou asiáticas. Além de mudar o nome para um que pareça ser de uma pessoa branca, candidatos a empregos muitas vezes também removem de seus currículos quaisquer indícios de raça, incluindo filiação a clubes ou trabalho em organizações que atendem sobretudo a pessoas racializadas. Esses "currículos branqueados" consistentemente recebem mais retornos do que aqueles que melhor refletem o contexto cultural ou racializado de um indivíduo. Meu pai, DeWalt, costumava colocar o nome *Walter* no currículo e em candidaturas de trabalho para evitar o racismo contra negros que acompanhava seu nome, e ele confirmou, de forma anedótica, que os currículos nos quais usava o nome *Walter* recebiam mais retornos do que aqueles em que ele usava *DeWalt*, apesar de essa ser a única diferença nos currículos.

O problema do preconceito baseado em nomes não é os nomes em si, mas os sistemas racistas, classicistas e xenofóbicos que impedem que pessoas com nomes não eurocêntricos sejam tratadas, entendidas e contratadas de forma igualitária. Nomes são apenas agrupamentos de letras e sons com os quais nos chamamos, e ninguém deveria se sentir no direito de julgar ou ter preconceito contra uma pessoa com base neles.

SOBRENOMES

Quando eu era criança, meu pai brincou que não tinha nome do meio porque sua família não tinha dinheiro para isso, então passei boa parte da minha infância crendo que era necessário pagar para ter mais nomes. Quando perguntei por que o nome do meio do meu irmão era o mesmo primeiro nome do meu pai, ele me disse que foi para não precisar comprar outro (leitores, essa é uma clássica piada boba de pai, sem base em fatos históricos). Na verdade, nomes do meio são comuns em certas culturas e não em outras. O mesmo vale para sobrenomes. Na Indonésia, é habitual pessoas comuns terem apenas um nome, ou monônimo. Nos Estados Unidos, embora haja pessoas popularmente conhecidas por monônimos, como a Cher ou o Common, a lei determina que todos os cidadãos precisam ter nome e sobrenome.

São muito diversas as formas pelas quais recebemos nossos sobrenomes. O meu veio do meu pai. Um sobrenome que vem do pai é chamado *patronímico*, e nos EUA sobrenomes patronímicos são extremamente comuns. Antes da década de 1970, eles eram obrigatórios em alguns estados, mas isso mudou após muitas contestações serem feitas a essa lei arcaica e abertamente patriarcal. Grupos familiares são muito diversos, e nem todos têm um pai como parte da família, então é importante lembrar que essa não é a melhor ou a única forma de se passar sobrenomes. Todos no meu núcleo familiar têm o mesmo sobrenome. Assim, podemos chamá-lo de "nome da família", porque é o sobrenome que todos temos. Também é comum que pessoas tenham sobrenomes diferentes do resto da família, seja devido à adoção, ao casamento, a decisões pessoais ou a outras circunstâncias individuais. Aprender mais sobre sobrenomes significa reconhecer que as famílias variam, tendo diferentes formações e tradições e tomando decisões diversas (aprenderemos mais sobre isso no capítulo 2).

Abordagens históricas eurocêntricas costumam afirmar que a população da Inglaterra no século XI foi a primeira a usar sobrenomes, porém nomes referentes a famílias e clãs eram usados em culturas como a do Japão antigo desde pelo menos os anos 300 EC. Um sobrenome pode indicar o histórico familiar ou a ancestralidade de um indivíduo, a comunidade de origem, a região de origem, o contexto religioso e a associação a um grupo étnico ou uma tribo. Nomes como *Smith, Cooper* e *Fisher* são sobrenomes em inglês associados às profissões de ferreiro, toneleiro e pescador, respectivamente, e em geral estão de alguma forma conectados a uma ancestralidade europeia. Nomes associados a ocupações não são exclusivos da língua inglesa, no entanto — tanto o sobrenome italiano *Pescatore* quanto o holandês *Visser* significam "pescador" e se relacionam a essa profissão. Na Islândia e em outras culturas escandinavas, um sobrenome pode seguir uma convenção de nomeação patronímica. Se um pai se chama Jón, seu filho pode ter o sobrenome Jónsson, enquanto sua filha terá o sobrenome Jónsdóttir, e seu descendente não binário o sobrenome Jónsbur. A inclusão de *-bur* como um sufixo não binário de sobrenome começou em 2019, o qual significa "prole de" em vez de "filho de" (*-son*) ou "filha de" (*-dóttir*).

As convenções europeias para nomes não são as únicas ou as melhores, apesar das alegações eurocêntricas. O povo iorubá, por exemplo, que forma uma maioria étnica na Nigéria, tem práticas singulares de nomeação. O linguista e educador nigeriano Kọ́lá Túbọ̀sún pesquisou e registrou de forma meticulosa sobrenomes tanto iorubás quanto de outros grupos étnicos na Nigéria, incluindo os povos Igbo e Hausa. O próprio sobrenome completo de Túbọsún (Ọlátúbọ̀sún) significa "o sucesso continua em expansão". Há muitos sobrenomes comuns entre povos iorubás, como *Adebayo, Ojo* e *Ogunade*, que também podem ser escritos usando acentos tônicos, como em Adébáyọ̀, Òjó, e Ògúnadé. Indivíduos com esses

APRENDA MAIS SOBRE IDENTIDADE 13

sobrenomes podem compartilhar a mesma ancestralidade na diáspora africana, mas nem sempre.

Nos Estados Unidos, os sobrenomes de muitos negros estadunidenses estão conectados ao trabalho forçado de nossos ancestrais escravizados, considerados "bens móveis" no período escravocrata. Os escravizados raramente tinham qualquer arbítrio para escolher seus nomes. Meu ancestral, Cato Bobo, não teve escolha quanto a seu sobrenome, que veio de seus escravizadores na Fazenda Bobo e imposto a todos lá escravizados. O nome de Cato Bobo refletia o fato abominável de ele ter um dono e ser tratado como propriedade. Provavelmente sua mãe nem pôde escolher seu primeiro nome sem a "permissão" de seus donos. Hoje, tradicionalmente, muitos negros estadunidenses têm sobrenomes que "soam europeus" pois nossos ancestrais sofreram a desumanidade da escravidão na mão daqueles com esses sobrenomes. Em alguns contextos esses nomes são chamados de "nomes de escravo", mas esse termo é muitas vezes usado de forma pejorativa e deve ser evitado na maioria dos contextos. No fim da Guerra Civil, os sobrenomes Freedman, Freedmen e Freeman[*] tornaram-se populares entre os recém-libertos, pois representavam uma rejeição ao passado escravizado e um futuro no qual a liberdade era a característica definidora. Muitos, como Cato Bobo, não mudaram seus sobrenomes ao serem libertados. Não por se sentirem confortáveis com a conexão entre seus sobrenomes e a escravidão, mas porque, para vários descendentes de escravizados, esses sobrenomes eram uma forma de rastrear sua descendência, reconectar-se com suas famílias e ser encontrados por elas após a emancipação por meio dos chamados registros de escravos. Depois da Reconstrução, continuou a ser comum entre os negros estadunidenses mudar o sobrenome e criar ou escolher novos com conexões à sua herança africana. Um exemplo proeminente disso são as tradições da Nação do Islã que encorajavam os fiéis a rejeitarem seus "nomes de escravos" e a substituírem seus sobrenomes por um X, que significava o fato de a escravidão os ter impedido de conhecer seus nomes reais de família. O pan-africanista e ativista pelos direitos humanos El Hajj Malik El Shabazz, ainda popularmente conhecido como Malcom X, é um proeminente negro estadunidense que seguiu essa prática.

---

[*] Em português, esses sobrenomes significam "homem(ns) liberto(s)". [N. da T.]

Como todo nome, sobrenomes são, em essência, inventados. Empoderadas por isso, muitas famílias escolhem romper com as tradições patronímicas e patriarcais e criar uma fusão de seus sobrenomes, ou escolher um novo nome para criar um identificador em comum que represente a vida que compartilham. Dois amigos meus com sobrenomes *Scott* e *Stevens* os combinaram para criar um sobrenome completamente novo que correspondesse à jornada na qual embarcariam juntos, agora como a família *Scovens*. A tradição de adotar o sobrenome dos parceiros não é uma da qual todos participam, o que discutiremos mais a fundo no capítulo 2. Algumas pessoas substituem os sobrenomes originais pelos dos parceiros, algumas adotam esses sobrenomes e mantêm os originais como nomes do meio, e algumas permanecem com os próprios nomes, às vezes hifenizando. No fim das contas, não há modo certo ou errado de escolher seu nome, e respeitar os nomes dos outros é sempre necessário.

PRONOMES

Ela, ele e *elu* são pronomes em terceira pessoa usados para se referir a alguém sem usar o nome. Os pronomes que usamos são parte de nossa identidade pessoal e às vezes estão conectados com nossa identidade de gênero (note que nem todas as línguas usam pronomes, então esta seção focará as que usam). Assim como não é razoável supor o nome de alguém antes de aprendê-lo, também não há como saber os pronomes de uma pessoa apenas olhando para ela e sabendo seu nome. Fomos socializados para crer que *podemos* ter informações sobre a identidade pessoal de uma pessoa ao vê-la, mas não é verdade. É importante acertar os pronomes — isto é, não assumir que alguém usa *ele, ela, elu*, outro ou nenhum pronome. Honrar e usar o pronome correto de alguém demonstra respeito e reconhecimento da pessoa e de sua identidade. É similar a aprender a pronunciar corretamente o nome de alguém, sendo uma forma de mostrar respeito e cuidado. Por outro lado, desrespeitar os pronomes corretos de alguém é nocivo e pode gerar sérias consequências relacionadas à saúde mental. Pronomes não são óbvios, e aprender mais significa em parte reaprender como pensamos sobre eles.

APRENDA MAIS SOBRE IDENTIDADE **15**

Quando eu era pequena, era comum ver o pronome "ele" sendo usado como padrão quando a pessoa não era especificada (um vestígio do patriarcado misturado à linguagem). Por exemplo, via-se "Pais, cada estudante é importante para nós. Garantimos que ele receberá o melhor ensino em nossa escola". Embora a escola do exemplo fosse mista, "ele" era usado como padrão. No processo de inclusão, referências a "ele ou ela" ou "ele(a)" se tornaram mais comuns, embora ainda repercutissem o binarismo de gênero. Hoje, pronomes neutros de terceira pessoa, como *"they"*, em inglês, são muito usados quando não se conhece os pronomes de alguém. Fazemos isso em inglês o tempo todo, de forma natural. Por exemplo, se estamos em uma reunião e no fim há uma jaqueta esquecida no sofá, é possível informar quem organizou a reunião dizendo *"Someone left their jacket"* ("Alguém esqueceu a jaqueta delu"), em vez de *"Someone left his or her jacket"* ("Alguém esqueceu a jaqueta dela/dele"). Tornou-se cada vez mais comum que pessoas, por vários motivos, adotem *"they/them"* como seus pronomes pessoais em vez de usarem pronomes com marca de gênero. Infelizmente, quem se recusa a usar ou a respeitar o uso desses pronomes muitas vezes aponta a "gramática" como motivo de não poder usar o pronome correto da pessoa. Esses indivíduos são ao mesmo tempo desrespeitosos e incorretos: o *"they"* singular já é usado na língua inglesa desde os anos 1300. Seja como for, a gramática é uma desculpa patética para se negar a humanidade de alguém e não usar seus pronomes corretos. Aprender sobre pronomes significa entender por que é tão importante para nós usar certos pronomes para certas pessoas com base em nossas próprias suposições, quando em essência pronomes são uma questão pessoal que deveria ser facilmente refletida pela sociedade.

Para muitos, pronomes e gênero estão conectados, mas esse não é o caso para todos. As formas como a identidade de gênero e os pronomes se sobrepõem — ou não — são pessoais, então não deveríamos seguir uma abordagem universal. Muitas pessoas, sejam cis ou transgênero, usam os pronomes binários tradicionais como representações de suas identidades de gênero — por exemplo, uma mulher que use o pronome "ela". Mas utilizar o pronome "ela" em si não significa necessária ou automaticamente que a identidade de gênero da pessoa é "mulher". Da mesma forma, se alguém usa um pronome neutro como "elu", isso não significa que seja não binárie. Algumas pessoas se sentem confortáveis tanto com "ela" quanto com "ele". Outros usam *neopronomes*, mais novos na língua, que incluem, mas não se limitam, a *elu, ile, ilu* e *el*. Embora possa parecer confuso ou "linguagem não padrão", é importante lembrar que cada palavra que usamos com confiança e regularidade já foi nova para a língua e completamente desconhecida por nós. Aprendemos novas palavras constantemente, e isso incluirá novos pronomes.

Ao conhecer alguém, é educado dizer à pessoa seus pronomes junto ao seu nome, o que pode encorajá-la a fazer o mesmo (isso supondo que você e ela usem pronomes — alguns não o fazem, o que também é válido). Eu posso dizer "Oi! Meu nome é Blair e meu pronome é ela. É um prazer te conhecer!". Se a pessoa não lhe disser seus pronomes ou se você não souber os pronomes corretos dela, geralmente é adequado usar pronomes neutros para evitar errar o gênero da pessoa. Em geral, também não há problema em perguntar o pronome de outra pessoa se o fizer de modo respeitoso e neutro — por exemplo, "Por gentileza, quais são seus pronomes?". Algumas análises sobre pronomes usam o termo *pronomes preferidos*, que hoje, em geral, é desencorajado. Como observado por Jeffrey Marsh, teórico de gênero que escreveu o livro *How to be you* [Como ser você, em tradução livre], discutir pronomes como questão de "preferência" é parte de um legado nocivo que caracterizava qualquer coisa fora das definições restritas hétero e cisnormativas como "modo de vida" ou "preferência". Quando falamos da identidade pessoal em termos de "preferência", o resultado costuma ser a ideia de que respeitar a identidade de uma pessoa é opcional, e não obrigatório. A exceção a essa orientação seria os indivíduos que usam mais de um pronome — por exemplo, aqueles que usam ou se sentem confortáveis com "ela" e "elu" — e podem preferir um ao outro. Nesse caso, falar sobre pronome preferido é aceitável, mas, em geral, é melhor perguntar que pronome a pessoa "usa" ou quais "são" os pronomes dela em vez de perguntar quais "prefere". Se alguém não usa pronomes, você pode simplesmente usar o nome da pessoa ou seguir a orientação específica que a pessoa dê (observe que nessa frase eu usei "a pessoa" em vez de um pronome — fácil!).

Às vezes, quando falamos com os outros, o fazemos em piloto automático, baseando-nos em suposições em vez de informações e seguindo de forma rápida em vez de estarmos presentes e pensarmos antes de interagir. O uso de pronomes reflete a importância da comunicação consciente com as pessoas em nossa vida. Ao falarmos com alguém, estamos compartilhando com a pessoa parte de nossa vida, por mais breve que seja essa parte. Aprenda mais sobre pronomes lembrando que nos ensinaram errado sobre *nossas percepções* em relação às pessoas serem mais importantes que a *realidade delas*, e que isso precisa mudar. Pronomes são pessoais, e quando falamos errado ou não usamos os pronomes corretos de alguém, isso é mais que um erro — é invalidar a experiência e a realidade da pessoa. Ao nos referirmos aos outros, devemos fazê-lo nos termos deles, não nos nossos.

Faça o possível para que se torne um hábito comunicar, perguntar e usar corretamente os pronomes de todos que conhecer, assim como fazemos com os nomes. Se ainda está se acostumando aos pronomes que uma pessoa usa e não acertar, volte à nossa discussão sobre *deadnaming* (página 8) e veja a seção sobre pedidos de desculpa (página 52), pois orientações similares são válidas aqui. Melhorar no futuro é extremamente importante.

VALORES E CRENÇAS

Quando eu era pequena, meus pais sempre me diziam que não estavam lá para me dizer *o que* pensar, e sim para me mostrar *como* pensar. No entanto, muito do que aprendi em termos de crenças e valores de fato veio dos meus pais, em particular minha tendência à advocacia e minha busca por conhecimento. Uma parte importante de aprender como pensar é ter algo chamado *pensamento crítico*, uma habilidade crucial para a vida. Com um entendimento sólido sobre o pensamento crítico, somos capazes de examinar e reavaliar nossos valores e crenças. Tudo que entendemos, que valorizamos e em que cremos tem conexão profunda com nosso senso de identidade. Como resultado, quando nossos entendimentos, valores e crenças são desafiados por novas informações (mesmo que tais informações tenham base firme em fatos e evidências), podemos nos tornar defensivos ou rejeitá-las. É importante, porém, acionar o pensamento crítico e manter a mente aberta mesmo quando somos confrontados com informações que consideramos desafiadoras. O pensamento crítico pode nos ajudar a combater algo chamado *viés de confirmação*, que é a propensão a buscar informações que se alinhem às crenças e valores que já temos, mesmo que essas informações sejam distorcidas, enviesadas e tenham fontes ruins. Devido ao viés de confirmação, é importante questionarmos ativamente nossas próprias crenças e buscarmos fontes confiáveis de informação que ajudem a nos educar — de outro modo, podemos entrar num ciclo em que apenas interagimos com informações com as quais concordamos, o que não nos permite aprender e crescer. Ao buscar informações, tente usar fontes e materiais confiáveis. Isso quer dizer examinar a pesquisa que deu origem ao material (o que você pode fazer na seção Bibliografia deste livro), avaliar as qualificações dos indivíduos que oferecem as informações (que você pode encontrar na seção Sobre a Autora deste livro) e entender como o material veio a ser financiado e publicado e por quem o foi (o que você pode fazer conferindo a página de créditos deste livro). Esses são passos necessários para evitar ser induzido ao erro por informações falsas, porém bem-apresentadas.

Valores são nossos mapas pessoais para avaliar o que é bom e correto, assim como o que é ruim e danoso. Ao contrário do que aprendemos quando jovens, não é fácil dividir binariamente o mundo em bem e mal. Há muitas nuances e zonas cinzentas no meio. Por exemplo, se tomarmos a palavra *legalizado* por "bom", podemos acabar apoiando políticas desumanizadoras e violentas apenas porque uma instituição diz que são ok. No entanto, se examinarmos criticamente nossos valores, podemos ligar o que está desconectado e chegar a uma conclusão alinhada a nossos valores. Os valores moldam como tratamos a nós mesmos e aos demais. Por exemplo, a mitologia dos Estados Unidos diz que, como país, valorizamos "liberdade e justiça para todos". Na prática, porém, esse valor deixa a desejar na implementação. Os Estados Unidos têm a maior população carcerária do mundo — o que é liberdade para os acorrentados? O pensamento crítico permite que sejamos honestos com nós mesmos e examinemos a realidade de que o país não faz jus a seus valores.

Crenças são o que julgamos ser verdadeiro sobre nós mesmos, os outros e o mundo. Por exemplo, talvez você acredite que todos os seres humanos devem ser tratados com dignidade e respeito. Eu com certeza acredito. Talvez você admire a frase da Constituição dos Estados Unidos que afirma que "todos os homens são criados iguais". Embora essa frase pareça ok, ainda que sexista, ao pé da letra, ela tem um significado diferente quando consideramos o fato de que o homem que a escreveu foi Thomas Jefferson, que escravizou mais de 600 pessoas durante sua vida. O fato de Jefferson ter tido escravos deixa bem claro que ele acreditava na supremacia branca. Há uma gigantesca desconexão, portanto, entre a crença de que "todos os homens são criados iguais" e a crença incorreta de que "homens brancos estão predestinados a dominar todos os demais seres humanos". Crenças sobre como o poder deve ou não deve ser distribuído são convicções políticas, e estas podem ser profundamente divisivas, pois têm a ver com tudo, de como dinheiro e recursos são controlados até como direitos humanos são (ou não) protegidos, e muito mais. Embora seja aceitável que pessoas tenham convicções políticas distintas, se as crenças de alguém são desumanizadoras, você pode rejeitá-las. Não é necessário "ver o outro lado" de uma questão se esse outro lado tem como base a negação da humanidade e da dignidade de algumas pessoas e o desrespeito a elas. Contanto que as crenças de alguém não promovam dano e opressão aos outros, são um modo importante de formar entendimento e sentido.

Crenças não precisam ser baseadas em lógica, fatos ou evidências para serem importantes e válidas. Os aspectos do entendimento humano que não têm base em coisas concretas, materiais ou físicas às vezes são descritos como fé, ou crenças espirituais e religiosas. A religião tem definições diferentes em contextos diferentes, então em vez de usar uma definição que pode acidentalmente ser exclusiva, manteremos em mente que religiões podem ou não ter elementos relacionados à crença em um poder maior, como um deus (monoteísmo), vários deuses (politeísmo) ou nenhum deus (não teísmo). Às vezes crenças religiosas são formalizadas por meio de doutrinas ou escrituras. Religiões podem ser muito antigas ou relativamente recentes. Crenças religiosas muitas vezes — mas não sempre — incluem rituais, orações, modos de viver e se vestir, restrições alimentares e dias de celebração. Ao falar sobre espiritualidade e religião, é importante não se basear em suposições. Pode ser fácil supor que outras pessoas tenham as mesmas crenças que você, em particular quando não têm familiaridade com outros sistemas de crença. Se você cresceu em uma comunidade predominantemente cristã, pode automaticamente supor que todos celebram o Natal. Mas claro que nem todos. Já que muitas empresas e comércios estadunidenses fecham no Natal, um modo de incluir pessoas com sistemas de crença diferentes é adicionar um feriado "variável" que os funcionários possam usar para cumprir feriados religiosos para os quais a empresa não costuma fechar. Isso está se tornando cada vez mais comum, e é um bom modo de incluir todas as religiões e sistemas de crença.

Para algumas pessoas (como eu), fé e/ou religião estão no centro de suas identidades pessoal e/ou social. Para outras (como minhe melhor amigue Ren), isso não é nem um pouco verdade, o que é perfeitamente aceitável. Além disso, algumas pessoas veem o mesmo ritual ou prática em contextos diferentes. Um banho pela manhã pode ser apenas uma prática de higiene para alguém, mas para outros pode ser também uma prática espiritual ou um ritual de limpeza. É importante não se amparar em entendimentos ou pressupostos preconceituosos sobre religiões e religiosos. Ser religioso não significa que um indivíduo é conservador ou contra a ciência — ele *pode* ser conservador ou contra a ciência, mas isso não deve ser suposto com base apenas em sua religião. Além disso, não podemos depender dos indicadores visuais ou culturais que nos ensinaram estar associados a diferentes práticas religiosas e aplicá-los a pessoas sem saber mais sobre elas. Assim como não devemos supor que todos os fãs de *Star Trek* falem klingon, não é apropriado supor que todos os judeus falem hebraico ou que todos os muçulmanos falem árabe.

Eu me converti ao islamismo em 2015 e vivenciei pela primeira vez as suposições que acompanham as religiões quando comecei a trabalhar em um escritório. Durante o mês sagrado do Ramadã, é comum entre os muçulmanos jejuar de água e comida durante as horas do dia e também se abster do materialismo, de distrações e de ações nocivas. Esse é um período de reflexão sagrada no qual meditação e *mindfulness* são essenciais e no qual se enfatiza a compaixão pela humanidade sob a forma de *zakat*, ou caridade. Suposições sobre muçulmanos e o islamismo levaram à ideia errada de que todos os muçulmanos participam do Ramadá da mesma maneira, o que não é verdade. Devido às medicações que tomo, não posso jejuar de comida e água, assim como muitas pessoas não podem jejuar por razões médicas ou pessoais, ou por estarem grávidas, menstruadas, terem uma deficiência ou estarem viajando. Meus colegas não muçulmanos ficaram perplexos ao me verem almoçar durante o Ramadá, pois supuseram, de forma errônea, que só havia uma maneira de ser muçulmano e um só modo de participar do Ramadá. Como educadora, ensinei meus colegas sobre o islamismo com prazer, mas é importante não esperar que membros de comunidades religiosas assumam a tarefa de ensiná-lo sobre a religião que seguem — especialmente quando há mecanismos de busca e supercomputadores na palma de nossas mãos. Aprender mais sobre religião significa entender que nossas crenças podem diferir daquelas dos que nos cercam, incluindo pessoas da nossa própria comunidade religiosa (caso tenhamos uma).

QUESTÕES PARA REFLETIR

- Qual o significado do seu nome? De onde ele vem?

- Você considera alguns nomes mais "legítimos" que outros? Certos nomes ou grafias lhe parecem "melhores" ou "piores"? Por qual motivo, e se for o caso, que passos você pode seguir para combater esse preconceito?

- Já pensou consigo (ou até falou em voz alta) que o nome de alguém era muito difícil de aprender? Por quê?

22 LEIA ISSO E APRENDA

- Você usa pronomes? Quais são seus pronomes e por que os usa?

- Como pode ajudar a normalizar o ato de dizer e perguntar os pronomes pessoais em seu dia a dia? Por exemplo, você pode perguntar se sua empresa ou instituição de ensino consideraria adicionar pronomes a cartões de visita ou assinaturas de e-mail. Esse é um ótimo passo a tomar, contanto que a iniciativa inclua pessoas que não usam pronomes pessoais.

- Quais são alguns dos seus principais valores e crenças? Quais a sua família lhe passou e quais você adquiriu com seus amigos e sua comunidade? Quais você desenvolveu por meio de experiências?

- Quais crenças você considera vinculadas à sua identidade? Elas mudaram com o tempo? Há algo em que você creia agora e em que não acreditava antes (ou vice-versa)?

- Que suposições incorretas outros fizeram sobre você devido a suas crenças? Como isso fez você se sentir? Já fez suposições incorretas sobre outras pessoas com base nas crenças delas?

CAPÍTULO 2

APRENDA MAIS SOBRE RELACIONAMENTOS

Relacionamentos descrevem os modos pelos quais as pessoas se conectam. No século passado, "relacionamento" tornou-se um modo de descrever conexões românticas ou íntimas entre pessoas, mas aqui usaremos a palavra em referência a qualquer tipo de conexão entre nós e os outros. Temos muitos relacionamentos diferentes, e usamos a linguagem para explicar como estamos conectados (ou não) aos outros. Há séculos a palavra *estranho* vem sendo usada para descrever pessoas que não conhecemos ou com as quais não temos familiaridade. Dado que existem mais de sete bilhões de pessoas na Terra, somos em maioria estranhos uns aos outros. Para aqueles de quem somos próximos, usamos palavras como *amigo, família, parente, parceira* ou *ente querido* para descrever essas conexões mais profundas. Seja a conexão direta, indireta ou inexistente, o fator unificante que compartilhamos é sermos todos parte da humanidade.

A antiga filosofia bantu de *ubuntu*, traduzida como "humanidade pelos outros" ou "eu sou porque você é", fundamenta minha postura quanto a todos os meus relacionamentos. Também interpretado como "respeito mútuo", o ubuntu requer que reconheçamos a humanidade dos outros em todo relacionamento e em toda interação como questão de princípio. Reconhecer e honrar a humanidade de todos com os quais interagimos é um dos requisitos mais básicos para partilharmos nossas vidas com outras pessoas. Além da "humanidade pelos outros", o ubuntu foca nossa própria natureza interconectada e comum: "eu sou porque você é". Em um mundo cheio de desumanização advinda de estruturas opressivas e preconceitos, pode ser significativamente desafiador honrar a humanidade de todos os indivíduos, não importando se concordamos com eles, gostamos deles ou sentimos a mais remota conexão. O ubuntu, porém, é necessário para aprendermos sobre relacionamentos. Começar todas as nossas interações com a promessa de respeito mútuo e entendimento compartilhado de nossa humanidade em comum pode desmantelar radicalmente muitas das crenças nocivas que nos ensinaram sobre nós mesmos e sobre os outros.

Todos os relacionamentos, mesmo os formados ao nascer, devem partir de uma ideia de respeito à nossa humanidade e entendimento de nossa interconexão. O ubuntu é uma filosofia de humildade, pois nos convida a entender que nossas ações impactam mais pessoas do que apenas nós mesmos, e que nossa interconexão demanda que respeitemos a humanidade de todos, não apenas daqueles que a sociedade nos fez acreditar que merecem.

Às vezes espera-se que "conquistemos respeito" ou nos comportemos de maneira a sermos considerados respeitáveis, porém respeito e humanidade deveriam ser inerentes a todos. Isso não significa que seja necessário nos tornarmos melhores amigos de todos que conhecemos ou que devamos ignorar o mal que uma pessoa causou, e sim que é preciso reconhecer a humanidade de todas as pessoas, mesmo das que não gostamos. Embora o respeito não devesse ter que ser conquistado, a confiança certamente deve. Confiança é a crença e a segurança que temos em relação aos outros — e que os outros têm em nós — e ela, de certa forma, desempenha um papel em todos os nossos relacionamentos. Em relações duradouras, a confiança se baseia em demonstrações de carinho, confiabilidade e segurança. Ser parte de uma comunidade exige que depositemos nossa confiança uns nos outros. A depender do tipo de relacionamento, a confiança pode ser conquistada por meio do cumprimento de responsabilidades e expectativas. Por exemplo, governantes eleitos têm responsabilidade perante seus eleitores, e isso tradicionalmente é codificado por legislação ou políticas — a confiança dos eleitores nas autoridades eleitas se deve em grande parte ao fato de elas ou as instituições que representam apoiarem e realizarem as iniciativas valorizadas pelos eleitores. Em outras circunstâncias, nas quais relacionamentos são definidos de modo menos formal, é possível criar e reforçar as expectativas e seu cumprimento por meio de normas culturais e sociais. Privacidade, que pode estar profundamente conectada à confiança, é algo que funciona de forma bem diferente a depender da geração e da cultura. Na minha família, espera-se que, quando alguém nos conta algo muito pessoal, não compartilhemos isso com outros sem a permissão da pessoa, mas essa não é a realidade de todo o mundo. Graças a meu contexto familiar, se uma pessoa compartilha informações que eu confiei a ela sem meu consentimento, posso entender isso como uma violação da minha confiança e privacidade, não importando se eu disse ou não de forma explícita que a informação deveria ser mantida em privado. Parte de aprender mais sobre a confiança significa descobrir como comunicar nossas expectativas. No entanto, mesmo ao fazer isso, pode ser que nem sempre essas expectativas sejam atendidas, pois nem todos são dignos de confiança. Também podemos levar um tempo até concluir que alguém é confiável, observando seu comportamento, suas ações e suas palavras.

Confiar nos outros, especialmente naqueles que não conhecemos bem, pode nos deixar em posição bem vulnerável, e quando desrespeitamos a confiança das pessoas, pode ser difícil reconstruí-la. Desenvolver confiança é complicado ainda mais por vários fatores externos e internos, como sistemas de opressão, instituições, expectativas sociais, limites pessoais e nossas próprias experiências anteriores. Neste capítulo, focaremos aprender sobre família, amigos e relacionamentos íntimos, e sobre a manutenção de relações saudáveis.

FAMÍLIA

Nos Estados Unidos, geralmente define-se *família* como um grupo de duas ou mais pessoas relacionadas por nascimento, casamento ou adoção e que moram juntas. Essa definição limitada e técnica de família é usada para categorizar as pessoas de forma rápida e fácil e assim monitorar domicílios em censos e outros programas governamentais. Demais instituições, como organizações religiosas, também podem reforçar definições de família que não se alinham à diversidade e à vivência humana. Em mídias como filmes, livros e séries de TV, famílias costumam ser representadas de forma "nuclear", com mãe, pai e dois filhos, o que se tornou comum na metade do século XX, quando as propagandas estadunidenses usaram a ideia para reforçar noções do Sonho Americano (e de quem tinha acesso a ele). Essas representações de família costumavam ser — e muitas vezes ainda são — sobretudo brancas, heterossexuais, de classe média e sem deficiências. O fato de esse tipo de família historicamente ter sido o único representado não significa que outros tipos não tenham sempre existido. Desde que as pessoas existem, sempre houve uma diversidade incrível em identidades individuais e em como as famílias são formadas. Aprender mais sobre famílias é crucial para expandirmos nosso entendimento sobre nós mesmos e sobre os outros.

ESTRUTURAS FAMILIARES

Parte de aprender mais sobre a família é estar ciente da incrível diversidade das estruturas familiares, e não fazer suposições sobre elas. Na minha infância, meu irmão e minha irmã mais velhos frequentemente iam para a casa da mãe deles nos fins de semana. Quando eu tinha uns 8 anos, um de meus amigos me perguntou por que meu irmão nunca estava em casa nos fins de semana, e foi a primeira vez que eu percebi que nem todas as famílias tinham a mesma estrutura que a minha. Também foi quando aprendi o termo *meio-irmão*. Meus irmãos mais velhos e eu temos o mesmo pai, mas mães diferentes. Nossa família é do tipo que chamam de "misturada", na qual um ou ambos os responsáveis têm filhos de relacionamentos anteriores. Era tão bem misturada que eu pensava que todas as famílias eram como a minha, e essa era a intenção de meus pais e dos que compartilhavam a parentalidade com meu pai. A *coparentalidade* ocorre quando indivíduos que não estão em um relacionamento romântico compartilham a responsabilidade de criar um filho. No começo da minha vida adulta, notei que as pessoas começavam a explicar suas estruturas familiares dizendo "minha família é um pouco diferente" antes de detalhar a diferença, mas nunca ouvi ninguém dizer "minha família é bem normal". Isso se dá pois a diferença é parte do que é ser humano, e não existe um "normal", mesmo que governos e outras instituições façam essa definição. Já que a diferença é tão comum, se adequar à norma estrita costuma ser mais raro. Mesmo que a estrutura da sua família não seja estatisticamente comum, se ela funciona para você e para os demais membros, é o suficiente. Entender o quanto as famílias podem ser diversas — e não fazer suposições sobre os arranjos familiares dos outros — nos torna membros mais conscientes da família humana.

Uma das formas de aprendermos mais e nos tornarmos mais gentis e respeitosos em relação aos outros é usarmos uma linguagem que espelhe a natureza diversa das estruturas familiares. É limitante supor que todos tenham mãe, ou mãe e pai, ou pais casados — e tais suposições podem ser desrespeitosas. Por exemplo, em vez de se referir aos "pais" ou "mãe e pai", chamar quem cuida da criança de "seu(s) responsável(is)" é um modo conciso e simples de evitar contribuir sem querer para o estigma e o apagamento de pais solteiros, de mesmo gênero, adotivos ou de responsáveis que não sejam pais, como irmãos mais velhos, avós ou famílias mais comunitárias. No mesmo sentido, quando chega a época de dia das mães ou dos pais, muitas escolas e salas de aula estão começando a mudar para Dia do Responsável, um dia sem gênero, de gratidão e apreço aos cuidadores. Além de nos esforçarmos para expandir nosso próprio entendimento sobre a família, é importante fazer o mesmo para mudar instituições como as escolas, de forma que representem os vários tipos de família existentes.

Também é importante não impor nossas suposições ou preconceitos à estrutura familiar de alguém. Às vezes supunham que meus amigos com pais mais velhos eram criados pelos avós, e, embora muitos sejam criados pelos avós ou em estruturas familiares multigeracionais, somos responsáveis por superar nossos preconceitos e suposições sobre idade e parentalidade, não sendo responsabilidade dos outros desmistificá-los. As pessoas decidem ter filhos — ou não — em diferentes idades, e não devem ser forçadas a lidar com os preconceitos dos outros simplesmente porque suas decisões estão fora dos parâmetros das expectativas sociais. Quando ou se uma família ou um indivíduo resolver ter filhos, essa escolha é válida e deve ser respeitada. Além disso, se o pai ou a mãe de alguém não faz parte da estrutura familiar, não devemos supor que seja por morte, divórcio, abandono ou outra tragédia. Embora esse possa ser o caso para alguns de nós, supor isso de forma automática, particularmente quando há relação com outras formas de preconceito, como o racismo, é nocivo e desrespeitoso. Famílias com pai e mãe não são o melhor ou o único tipo de família, e as formadas por um responsável têm estrutura válida, mesmo que o estigma e o preconceito social digam o contrário. Divórcio, morte, encarceramento, aborto e outros aspectos comuns, porém estigmatizados das famílias, não significam que estas sejam fracassadas ou estejam destruídas. O fato de um tipo de família não ser representado na mídia ou não ser familiar para nós não o invalida.

ADOÇÃO

A adoção, seja por processos formais ou informais, existe em toda a história da humanidade, mas por ser considerada algo fora da estrutura familiar tradicional, muitas vezes é estigmatizada ou vista como menos importante que famílias biológicas. É claro que isso não é verdade — seja a conexão feita por nascimento, adoção ou de outra forma, toda família importa. Minha mãe, Krissy, nasceu sem nome. Foi chamada de "bebê" até ser adotada pelos meus finados avós Roy e Eloise. A adoção é uma das muitas formas de formar uma família, e há muitos tipos de adoção. As pessoas que nos passam seus genes nem sempre são as mesmas que nos criam ou que chamamos de pais. Minha mãe foi adotada quando pequena por pessoas com as quais não tinha relação biológica e foi informada sobre o fato ainda criança, embora isso nem sempre aconteça, por diversos motivos. Algumas pessoas nunca ficam sabendo que foram adotadas, ou só descobrem quando adultas. Em outros casos, as pessoas podem ser adotadas por um parente que não seja seu progenitor. Às vezes as pessoas são adotadas por padrastos e madrastas. Meus avós decidiram adotar pois não podiam gerar filhos, então uniram-se às muitas pessoas que formam famílias por meio da adoção.

São muitos os tipos de adoção, incluindo a legal, a informal, a aberta, a semiaberta, a fechada, a doméstica, a transracial e a transnacional. A adoção legal ocorre quando o processo de assumir a responsabilidade por criar ou ser responsável por outra pessoa, comumente bem jovem, é formalizado e documentado por um governo ou outra instituição. A adoção informal é aquela que pode não ser reconhecida formalmente da mesma forma que as adoções legais, mas isso não faz delas "ilegais". Dependendo da legislação sobre o assunto e das circunstâncias individuais, a família biológica da pessoa adotada pode manter contato com ela no que se chama adoção aberta ou semiaberta. Seja por segurança, privacidade ou considerações pessoais, uma adoção pode ser fechada, na qual as informações sobre os parentes biológicos não são reveladas a quem é adotado e vice-versa. A adoção doméstica é aquela na qual uma pessoa é adotada no país em que nasceu, e a internacional é aquela na qual se adota um indivíduo de outro país, o que faz dele um adotado transnacional. Em casos nos quais uma criança ou menor de idade é temporária ou permanentemente retirada dos cuidados de seus pais ou responsáveis, ocorre o *acolhimento familiar*, um sistema no qual uma instituição governamental aponta um cuidador ou uma guardiã para alguém menor de idade. Às vezes esses cuidadores se chamam pais de criação. As crianças às vezes são adotadas e saem do programa ou permanecem no acolhimento familiar até chegar à vida adulta sem serem adotadas. É impossível saber por que alguém foi inserido nesse sistema ou em um processo de adoção sem perguntar, e devemos ter em mente que não é nosso direito ter essa informação, mesmo se estivermos curiosos. Observe que usar a palavra *órfão* ou supor que todos em acolhimento familiar ou processo de adoção não têm pais é algo arcaico e desrespeitoso. Se alguém descreve a si mesmo como "órfão", isso é válido e não deve ser policiado. A adoção da minha mãe foi feita de forma doméstica e fechada ao nascer, o que significa que ela foi criada no mesmo país (e, no caso dela, na mesma comunidade no sul da Califórnia) de sua família biológica. Mas essa família (com exceção da mãe biológica) não foi informada sobre sua existência. Ironicamente, ela cresceu próxima a pessoas com as quais tinha parentesco, mas não soube disso até se reconectar com elas na vida adulta.

Meus avós, um judeu romeno-estadunidense e uma negra estadunidense, buscaram adotar crianças que parecessem ser seus filhos biológicos, então raramente perguntavam se minha mãe era adotada. Ela e meu tio, ambos adotados e sem relação biológica, são racializados como multirraciais (tendo ascendência negra e europeia), então têm a aparência que se esperaria dos filhos biológicos dos meus avós. Adoções nem sempre acontecem assim, no entanto. Muitos optam pela adoção transracial, quando a pessoa adotada e a família adotiva vêm de contextos racializados ou étnicos diferentes (falaremos mais sobre raça e racialização no capítulo 5). Muitas vezes, adotados transraciais e seus pais não se parecem. Sejamos ou não adotados, nem sempre nos parecemos com as pessoas que nos criaram. Tecer comentários sobre uma pessoa parecer ou não com pais ou responsáveis pode ser nocivo, desrespeitoso e desnecessário. Variações genéticas podem fazer com que nossa aparência seja completamente diferente da de nossos parentes. Sendo assim, fazer suposições sobre semelhança revela um entendimento limitado e incorreto do que é família.

Na infância, os únicos pais que minha mãe conheceu foram os que a criaram. Já adulta, ela decidiu buscar sua família biológica para satisfazer a curiosidade persistente sobre as pessoas das quais ela veio. Às vezes se supõe que as pessoas buscam suas famílias biológicas pois as adotivas "não eram suficientes" ou porque a vida delas estava "incompleta" sem essa informação. As razões pelas quais alguém escolhe buscar (ou não) uma reconexão com seus parentes biológicos são, em última instância, pessoais, e devemos aprender mais sobre famílias abandonando nossas suposições e especulações sobre a vida dos outros, em particular quando tais suposições se baseiam em preconceitos e informações indiretas.

Minha mãe conseguiu encontrar e contatar sua família biológica — que não sabia de sua existência — com a ajuda de um detetive particular. Muitos dos parentes biológicos achavam que ela tinha sido natimorta (morrido ao nascer). Não faziam ideia de que minha mãe estava viva até ela contatá-los já adulta e com seus próprios filhos, buscando criar um relacionamento. Por meio dessas novas conexões familiares, minha mãe não apenas descobriu quem era sua família biológica, mas também que era fruto de um relacionamento entre sua mãe biológica e um homem com o qual não era casada. O tabu de ter um filho com alguém com quem não estava casada foi exacerbado pelo fato de minha avó biológica ser branca e meu avô biológico ser negro. Duas crianças nasceram dessa relação. Minha avó biológica recebeu um ultimato de seu marido: "Eu te ajudo a criar um bebê, não dois". Assim, minha mãe foi posta para adoção e não teve contato com a família biológica durante décadas. No entanto, os relacionamentos que ela pôde ter com seus parentes biológicos são tão importantes para ela quanto os que tem com as pessoas de sua família adotiva.

RELAÇÕES FAMILIARES TÓXICAS

Em sociedades humanas, ao longo da história, a estrutura familiar ajudou as pessoas a sobreviverem, assim como a perpetuarem legados e tradições. As raízes históricas de "família" e os modelos para ela vistos na mídia podem nos levar a supor que todo mundo é parte de uma família, não importando se participam ou não de um relacionamento familiar. Por um lado, esse entendimento pode ser positivo, já que uma conexão incondicional pode ser algo lindo e poderoso. No entanto, esse entendimento de família também pode resultar na expectativa de que devemos nos submeter ao comportamento nocivo e tóxico das pessoas apenas por morarmos ou termos parentesco com elas.

Muitos de nós talvez conheçam (ou sejam) alguém que não mantém relação com os membros do que outros considerariam suas famílias. Podem ser descritos em termos formais como "distantes", o que significa que não têm mais uma relação de proximidade e afeição. As razões pelas quais uma pessoa pode estar distanciada dos membros da família ou não manter contato com eles incluem rejeição familiar, abusos ou diferenças sociais, políticas ou religiosas. Por exemplo, quando eu estava na faculdade, muitos dos meus amigos escolhiam permanecer nos dormitórios em vez de voltar para casa nos feriados longos, pois suas famílias não os aceitavam como indivíduos abertamente LGBTQ+. Nessas circunstâncias, é totalmente válido não manter relação com seus parentes, se eles escolheram ter preconceito contra você em vez de lhe respeitarem. Às vezes a opção mais saudável e segura para alguém é romper o contato com os membros da família. Também não é incomum que pessoas se distanciem de certos parentes e não de outros. Por exemplo, alguém pode não estar bem com os pais, mas em contato com os irmãos, ou vice-versa. Não precisamos saber por que uma pessoa não é próxima daqueles que chamaríamos de sua família (nem temos o direito de perguntar), porém devemos nos lembrar de não supor que nosso contexto familiar é igual ao dos outros.

Dizem com frequência que podemos escolher nossos amigos, mas que família não se escolhe. Embora de fato não possamos retroativamente escolher as pessoas das quais nascemos, é incorreto afirmar que a única família que podemos ter são os indivíduos com quem temos relação biológica. Em muitas comunidades, é comum ter irmãos, pais, tias, tios e ties (termo não binário) sem relação biológica conosco. Isso demonstra que com certeza é possível escolher sua família em termos de como se relacionar com as pessoas conectadas a você em vários contextos. As que chamamos de família (com as quais podemos não ter relação biológica) muitas vezes são chamadas de "família escolhida", e a família que escolhemos não é menos importante ou legítima do que nossa família original. Redefinir nosso entendimento sobre família é importante, pois isso valida estruturas familiares "não tradicionais" e nos lembra de que merecemos relacionamentos familiares saudáveis.

Quando membros da família escolhem participar de ideologias opressivas como a homofobia e a transfobia, o resultado costuma ser a rejeição a seus parentes LGBTQ+. É imperativo lembrar que as pessoas impactadas pela opressão não são culpadas por ela, nem são obrigadas a perdoar e continuar a experimentar seus danos. A homofobia e a transfobia põem na população LGBTQ+ a expectativa de que devemos nos esconder para evitar a rejeição e/ou aceitar tratamento abusivo e tóxico para termos lugar. Ninguém merece, ou deveria tolerar ou vivenciar, estar em um ambiente nocivo a seu bem-estar emocional ou físico. Infelizmente, para jovens LGBTQ+ e outros indivíduos incapazes de se afastar desses ambientes danosos, sobreviver pode significar se manter no armário ou suportar agressões para ter abrigo, terminar os estudos ou simplesmente continuar vivos (abordaremos isso mais a fundo no capítulo 6). Tais situações podem ser dolorosas e até perigosas, então é importante, como alguém de fora, não pressionar essas pessoas para se assumirem ou se imporem perante as famílias, e não julgá-las por fazer o necessário para sobreviver em um lar tóxico. Em casos nos quais o indivíduo consegue se afastar de uma relação familiar danosa e tóxica, ele pode criar uma nova família composta por amigos próximos e pela comunidade.

AMIZADE

Ao pensar e falar sobre relacionamentos, muitas vezes focamos os familiares ou os íntimos, mas as amizades são igualmente importantes. Elas podem ser tão desafiadoras, gratificantes e complicadas de manter e entender quanto relações familiares e íntimas. Fazemos amigos por vários motivos, incluindo, mas não apenas, por buscarmos um senso de pertencimento ou companhia, ou para evitarmos o isolamento. Há muitos tipos de amizade, de conhecidos a amigos de trabalho e amigos de amigos, chegando a conexões profundamente significativas com pessoas que estão entre nossos entes queridos mais próximos. Nem todos os nossos amigos são para a vida toda, mas o tempo que passamos com eles e as experiências que compartilhamos se tornam parte de nossa vida mesmo se nos afastamos.

Não aprendi a fazer amigos da mesma forma que aprendi a andar de bicicleta, nadar ou pintar, porém a amizade é um aspecto muito mais proeminente na minha vida do que quaisquer dessas atividades. Quando penso no que aprendi na escola, em casa ou na TV sobre amizade, foi tudo muito abstrato. Ainda não desvendei a ardilosa "equação da amizade", mas aprendi mais sobre amizades no decorrer da vida. Quando estava no ensino fundamental, achava que devia ser amiga de todos na minha turma e que, se não conseguisse, havia algo errado em mim. Eu considerava cada amizade frustrada o resultado de minhas próprias falhas. Talvez eu não fosse simpática, interessante ou merecedora o suficiente. Era estressante e cansativo, e ao chegar nos anos finais do ensino fundamental, preferia estar só com meu iPod e minha angústia adolescente — ou ao menos era o que pensava na época. Em retrospecto, era algo que me isolava muito, mas comecei a me conhecer bastante, e todo o tempo que passei na biblioteca durante os intervalos foi útil para alguém que hoje escreve livros. Lembrando dessa época, também consigo entender que estava escolhendo ativamente o isolamento em vez de arriscar a vulnerabilidade compensadora que a amizade às vezes exige. É lindo criar novas conexões com as pessoas, e sermos ou não capazes de manter essa conexão nem sempre é questão de rejeição, mas eu achava que era quando mais nova. Temendo a rejeição, eu também temia a amizade. Quando colegas de ensino fundamental e médio se reconectam comigo hoje, costumo ficar surpresa que eles tenham lembranças positivas de mim e que considerem termos sido amigos. Embora me recusasse a acreditar na época, eu não só era uma amiga como tinha amigos o tempo todo! Minhas inseguranças, no entanto, me impediram de sentir confiança nessas conexões.

Aprender mais sobre a amizade significa entender que "amigo" é um termo guarda-chuva que engloba muitos tipos e níveis diferentes de conexões. O que consideramos nossa "equação da amizade" pode precisar se desenvolver ao longo de nossa vida e pode mudar à medida que nós mudamos. Com cada amigo, criamos uma amizade única. Você pode formar uma amizade para a vida toda assim que conhece alguém, ou fazer amizade com uma pessoa que antes considerava irritante e insuportável. Na amizade, tudo é possível. Partindo do ubuntu, a amizade é um passo seguinte natural. Respeito mútuo e humanidade em comum são a base para as interações humanas, e a amizade pode evoluir daí e incluir interesses mútuos, interesses diferentes, contextos compartilhados e mais. O objetivo de uma amizade saudável não é se tornar a mesma pessoa que a amiga, mas continuarem indivíduos ao mesmo tempo que constroem uma relação formada por contribuições iguais, que é mantida e consertada à medida que a vida muda e que desafios afetam o relacionamento. Amizade não é apenas demonstrar consistentemente respeito, confiabilidade, gentileza e participação ativa, mas também criar um espaço para você e seus amigos crescerem. Tal crescimento aproximar ou afastar vocês não é o fator determinante de a amizade ser ou não bem-sucedida.

Finalmente comecei a me abrir para amizades na faculdade. Decidi frequentar a Universidade do Estado da Louisiana (LSU, sigla em inglês), onde tinha certeza de que não encontraria ninguém da minha cidade natal e poucos do meu estado natal, Califórnia. Estar longe de todos que eu conhecia me permitiu ser totalmente eu mesma e não me preocupar em envergonhar a mim ou a minha família. Em uma universidade tão grande, com mais de 35 mil alunos, podia conhecer 100 pessoas em um dia e nunca mais vê-las outra vez.

Foi o campo de treino perfeito para amizades infinitas. Em vez de gradualmente fazer uma amizade natural, eu simplesmente perguntava "Vamos ser amigos?". E funcionava! Conheci meus dois melhores amigos na LSU.

Ao ingressar no mercado de trabalho, minha expectativa da infância de ser amiga de todos os colegas da escola se transformou na de ser a melhor amiga de cada colega de trabalho. Essa ideia foi influenciada pela representação midiática das relações no trabalho, que fazia parecer que a amizade era um aspecto necessário em qualquer relação profissional. Claro, aprendi que isso não é verdade e que é totalmente possível e comum ter relações funcionais e respeitosas de trabalho com pessoas que não são também seus amigos pessoais. Não sermos amigos de alguém não significa que sejamos inimigos; podemos ter só uma relação amigável, mas de resto sermos apenas conhecidos. É especialmente importante ter isso em mente no ambiente de trabalho, pois acabamos passando muito tempo com nossos colegas. Supor que uma relação de trabalho seja também amizade pode fazer com que tentemos nos aproximar de um colega mais do que o que é confortável para ele. Nem sempre é algo impróprio, mas pode ser desconfortável e gerar expectativas para as quais os outros não estão preparados. Levei um bom tempo até ter coragem de rejeitar os convites dos meus colegas para o happy hour após o expediente pois tinha medo de ser vista como antipática ou não participativa. Todos viemos de contextos diferentes, e é importante comunicar nossos limites e expectativas. Isso evita decepcionarmos as pessoas e me ajudou a lidar com meu medo de rejeição. Ainda luto contra isso às vezes, mas a prática ajuda.

O crescimento das mídias sociais também mudou a forma como pensamos sobre amizade e nossas conexões com os outros. Sua mãe, seus colegas, sua ex, seu barbeiro e uma pessoa que você encontrou uma vez em um show podem todos agora ser seus "amigos" online, tendo você ou não uma amizade ou conexão significativa com eles offline. Dito isso, é importante reconhecer que as relações que criamos e sustentamos por meio de conexões online são válidas, estendendo-se ou não para além do domínio virtual. Ao menos metade das amizades que tive na vida foram formadas e mantidas por meio de redes sociais. Contanto que criemos nossos relacionamentos online de forma segura, as redes sociais e a internet podem ser excelentes formas de conhecer pessoas novas e se conectar a elas. É lindo ser parte de uma comunidade online. Mas, ao mesmo tempo, é importante lembrar que as mesmas regras que vimos sobre fazer amigos no trabalho e na escola se aplicam a amizades online. Uma amizade só pode se formar caso ambas as partes sejam participantes dispostas, consensuais e que se comuniquem de maneira clara ao embarcar em tal relação. As redes sociais complicam isso, pois é fácil seguir ou adicionar um "amigo", mas isso não é o mesmo que comunicar a alguém que você conhece que gostaria de criar uma amizade séria. Seguir uma pessoa nas mídias sociais pode ser um passo importante para manter a amizade com ela, dependendo da situação, mas outros fatores importantes devem se manifestar.

Como todos os bons relacionamentos, a amizade exige esforço, mas esse esforço vale muito o companheirismo que conquistamos. Participação ativa e atos recíprocos são o que sustentam uma amizade. Podemos nos tornar amigos de alguém por termos crescido na mesma vizinhança ou frequentado a mesma escola. Chamo essas amizades de "amizades circunstanciais", pois têm base em circunstâncias e contextos em comum. Na verdade, a maioria das nossas amizades é baseada em circunstâncias em comum, e isso não as invalida de forma alguma. Porém, nem sempre apenas as circunstâncias compartilhadas podem manter uma amizade sem comunicação eficiente e participação de ambas as pessoas. Conexões fortes, compatibilidade, vulnerabilidade, interesses e valores mútuos sustentam amizades de formas que não necessariamente são alcançadas apenas pelo fato de virmos da mesma vizinhança ou comunidade. No entanto, para alguns, vir da mesma vizinhança ou comunidade pode ser algo que inicia e mantém uma amizade para a vida toda. Todas as amizades são únicas. Ser amigos com propósito e intenção nem sempre significa se comunicar todo dia, semana ou até mês, mas sim que, ao se reconectar com alguém que considera seu amigo, você o faz com propósito e intenção. A frequência com a qual se comunica com seus amigos depende das relações individuais e dos indivíduos nas relações.

Em relacionamentos íntimos, costuma haver a conversa sobre como definir a relação — a conversa de "O que somos um do outro?" — que não é comum em amizades. Interromper o "fluxo" de uma relação em desenvolvimento perguntando do que deveria chamá-la pode não parecer natural, mas é um passo útil para evitar mal-entendidos e suposições. Definir nossas amizades também pode nos ajudar a determinar e reafirmar o que gostamos nelas e por que as mantemos. Simplesmente deixar alguém saber que você sente gratidão por sua amizade é um bom modo de indicar como se sente sobre a relação e pode ser um convite para que o outro expresse seus sentimentos. Em circunstâncias nas quais pode ser estranho perguntar a alguém "Somos amigos?", você pode ser capaz de se basear em sinais indiretos de que são mesmo amigos ou que estão se aproximando — por exemplo, o fato de constantemente entrarem em contato, fazerem ou aceitarem convites para atividades. Conversar sobre a amizade pode ajudar a eliminar dúvidas e definir que passos precisam ser dados para chegar ao desejado status de "melhor amigo". Você pode ter mais de uma melhor amiga na vida e mais de uma por vez. O que é um melhor amigo para você pode ser diferente do que é um melhor amigo para mim. Com tempo, confiança e interesses similares, uma amiga pode se tornar uma melhor amiga.

Parte da vida adulta para mim vem sendo reconhecer quando estou tentando criar amizades que não são bem-vindas ou não estão disponíveis. Isso é um pouco diferente de ser rejeitada logo de cara, pois a outra pessoa pode não dizer abertamente "Não quero ser sua amiga". Em vez disso, ela pode escolher manter a relação mais casual ou deixar claro de outra forma que não quer o mesmo nível de conexão que eu. Podemos nos *sentir* rejeitados, no entanto. Se não é possível fazer amizade (ou ter o nível de amizade que você quer) com alguém, está tudo bem. São muitas as razões pelas quais uma pessoa pode não ter interesse em ser sua amiga, e essas razões podem não estar relacionadas a você. Em especial quando as pessoas viram adultas e assumem uma lista crescente de compromissos pessoais, familiares e profissionais, pode ser desafiador fazer novas amizades ou investir em aprofundar relações mais casuais. A boa notícia é que há muitas outras pessoas no mundo querendo amigos e precisando deles. Todos somos amigos em potencial uns dos outro se assim decidirmos.

Aprender mais sobre a amizade significa reconhecer que ela é um relacionamento recíproco que requer participação ativa. Com o ubuntu como base para todas as nossas interações com amigos, temos a oportunidade única de compartilhar a nós mesmos com os outros e crescermos juntos por meio de experiências em comum e companheirismo constante. Se busca novas amizades, lembre-se de que, para fazer e manter um amigo, é preciso ser um.

RELACIONAMENTOS ÍNTIMOS

Relacionamentos íntimos são os que envolvem algum nível de intimidade. Isso pode abranger muitas coisas, incluindo ter interesses iguais, viver juntos e/ou compartilhar responsabilidades que podem ser formalizadas. Intimidade também pode incluir atos físicos, como abraçar, beijar, dar as mãos, outras formas de tocar ou simplesmente ficar bem perto de alguém. Dependendo do contexto e dos participantes, a intimidade pode ou não ter natureza sexual. Como todos os relacionamentos, os íntimos e as interações neles devem ter como base o respeito, a confiança, a compaixão e o consentimento mútuo para serem saudáveis. Às vezes relacionamentos íntimos indicam seu estado com rótulos como "parceiros", "namoradas", "namorados", "namorades", "noivos", "cônjuges", entre outros. Há muitos tipos diferentes de relacionamentos íntimos, e vamos aprender mais sobre as diversas maneiras pelas quais as pessoas os formam.

Quando o assunto é estruturas de relacionamento que podem diferir do que estamos acostumados a ver, podemos, de forma inadequada, julgar ou demonstrar nossas próprias suposições enviesadas. Em alguns casos, a sociedade pode nos ter levado a crer que certos relacionamentos são inerentemente danosos, enquanto outros são inerentemente bons. Em alguns casos, isso é verdade, como relações predatórias entre adultos e crianças ou relacionamentos sem aspectos fundamentais como consentimento e respeito — ambos são inerentemente danosos. Uma das melhores maneiras de aprender mais sobre relacionamentos íntimos é compreender os diferentes modos pelos quais podem ser estruturados. *Monogamia* significa ter relacionamento íntimo com um indivíduo. *Poliamor* significa formar relacionamentos íntimos com mais de uma pessoa ao mesmo tempo, com o conhecimento e consentimento de todos os envolvidos na relação. A monogamia, também chamada às vezes de *uniamor/monoamoria*, costuma ser entendida pelas lentes do casamento ou do compromisso em longo prazo com uma única pessoa (embora, é claro, nem todos os casamentos ou parcerias em longo prazo sejam monogâmicas). Nos EUA, os termos *polyamory* (poliamor) e *polygamy* (poligamia) não são usados como sinônimos, como *monogamia* e *monoamoria*. *Polygamy*, que vem das raízes *poly* (muitos) e *gamy* (casamento), se refere especificamente ao casamento com mais de uma pessoa ao mesmo tempo, o que é crime nos Estados Unidos e visto em larga escala como algo moralmente incorreto, não importando se os envolvidos consentiram. O estigma associado a essa prática é a razão pela qual o termo não é usado com o mesmo sentido de *polyamory*. Apesar de não serem ilegais, relacionamentos poliamorosos são muitas vezes estigmatizados, embora isso esteja mudando à medida que mais pessoas tomam ciência dessa estrutura de relacionamento. O mais importante no que diz respeito a estruturas de relacionamento é que as monogâmicas não são intrinsecamente melhores, mais saudáveis ou seguras que as poliamorosas. A ideia de que a monogamia é a forma correta e única de formar relacionamentos íntimos é apoiada por várias instituições, incluindo legais e religiosas, o que pode dificultar que as pessoas entendam ou aceitem relacionamentos poliamorosos. Porém, contanto que esses relacionamentos tenham base nos requisitos para relações saudáveis (respeito, confiança, consentimento e compaixão mútuos), não há necessidade de julgá-los moralmente.

Embora a raiz -*gamia* em *monogamia* se refira especificamente ao casamento, parceiros monogâmicos não precisam estar casados para seu relacionamento ser legítimo, e os casados não precisam ser monogâmicos para seu casamento ser válido. As pessoas escolhem — ou não — se casar por várias razões, incluindo considerações pessoais, crenças religiosas e fatores práticos. Na maioria dos países, proteções legais são estendidas a indivíduos cujos relacionamentos são codificados pelo casamento, o que pode ser problemático de muitas maneiras e fazer sentido de outras. No caso do preconceito contra LGBTQ+, aqueles que são categoricamente contra relacionamentos entre pessoas do mesmo gênero podem crer, de forma incorreta, que esses relacionamentos nunca serão tão válidos ou gratificantes quanto os heterossexuais. Nesse caso, o preconceito impede que essas pessoas reconheçam que, não importando o gênero dos participantes, se o relacionamento íntimo é baseado em amor, confiança, consentimento e compaixão, isso é razão suficiente para respeitá-lo e honrá-lo. Crenças pessoais baseadas em preconceito também podem influenciar leis e políticas. Em 1996, o presidente estadunidense Bill Clinton assinou a Lei de Defesa do Casamento, que definia casamento como sendo apenas entre um homem e uma mulher (uma estrutura heteronormativa). Em 2012, essa lei homofóbica foi revogada, tornando o casamento uma união entre quaisquer duas pessoas.

Muitos (incluindo eu) têm problemas com a ideia de participar de uma instituição como o casamento, com um histórico tão carregado e problemático no que diz respeito ao patriarcado, à heteronormatividade e ao conceito de dominação. Mas aprender mais sobre relacionamentos significa entender que todos os relacionamentos íntimos, incluindo o casamento, podem ser redefinidos para além das delimitações institucionais e societárias — eles pertencem às pessoas na relação. Ao entendermos a história de tais instituições, podemos analisá-las e decidir se queremos ou não ser parte delas com base no que se alinha a cada um de nós e a nossos valores.

RELACIONAMENTOS ABUSIVOS

Quando relacionamentos e parcerias não têm respeito, confiança, compaixão e consentimento mútuos, podem se tornar doentios, tóxicos e abusivos. Há muitas formas de um relacionamento se tornar doentio, o que nem sempre é indicado por discussões e conflitos.

É natural discordar às vezes e até mesmo discutir, pois a troca de ideias e informações diferentes é parte de ser humano e estar em relacionamentos humanos. O modo como comunicamos, abordamos e resolvemos conflitos é o que define o que é ou não saudável. Às vezes pode ser difícil identificar uma relação tóxica, especialmente quando é o nosso primeiro relacionamento íntimo, ou caso não tenhamos visto ou tido uma relação baseada em respeito mútuo. Um relacionamento doentio ou não seguro pode até começar como um saudável. Quando uma relação se torna tóxica, geralmente há uma combinação de ações sutis e explícitas que cresce com o tempo e adquire natureza cíclica. Sinais de alerta incluem manipulação mental e emocional, como o *gaslighting*, que pode assumir muitas formas, mas costuma ser caracterizado por alguém desconsiderando nossos sentimentos, negando nossa realidade comum, minimizando circunstâncias nas quais danos foram causados a nós ou a outros e manipulando informações com o propósito de nos fazer duvidar de nossas próprias percepções. O abuso é cíclico e costuma ocorrer nos seguintes estágios:

- **CALMA**: Nenhum abuso está ocorrendo.

- **TENSÃO**: O abuso parece eminente caso algo "errado" seja feito ou dito.

- **INCIDENTE**: Ocorre abuso de forma pontual ou contínua.

- **RECOMEÇO**: O abuso é desconsiderado, justificado ou há pedido de desculpas (que pode incluir justificativas, presentes ou o *gaslighting* do abusador sobre o sobrevivente).

A violência interpessoal pode ter diversas formas, incluindo abusos físicos, emocionais, sexuais e financeiros. Descrições de abusos às vezes focam exclusivamente a violência física e sexual, mas é importante lembrar que é danosa qualquer instância na qual uma interação é baseada na coerção e não no consentimento. O que primeiro indica se uma relação é saudável ou não é o papel do consentimento. *Consentimento* é sinônimo de "permissão", e é necessário para indicar se uma pessoa está disposta a participar de uma atividade, evento ou experiência. O consentimento é fundamental em todos os relacionamentos. Pode parecer muito estranho pedir consentimento a cada passo de uma relação ou interação, mas fazer isso é necessário, pois demonstra respeito pelas outras pessoas em nossas relações e é a única forma de saber se alguém quer ou não compartilhar uma experiência. Isso é especialmente crucial, pois dinâmicas sociais subjacentes, como sexismo, racismo, capacitismo e outros, podem fazer com que sintamos, de forma imprópria e incorreta, que temos direito aos espaços e corpos de outras pessoas.

A base do consentimento é o reconhecimento da autonomia corporal de um indivíduo, o que significa que seu corpo pertence a você e a ninguém mais. Simultaneamente, não somos donos do corpo de mais ninguém. Esse entendimento sobre consentimento deve ser ensinado o mais cedo possível e reforçado durante vários estágios da vida. Podemos aplicar o consentimento em todas as interações, de querer ou não um abraço a querer ou não dar a mão a alguém. Nos Estados Unidos e em muitos países, há uma "idade de consentimento" legal para diferentes atividades em diferentes idades. Costuma-se falar mais sobre isso em referência à idade na qual se pode consentir interações sexuais. Se queremos melhor proteger os menores de predadores e abusadores, sexuais ou não, a sociedade deve responsabilizar os adultos por evitarem comportamentos predatórios. A responsabilidade de evitar a predação não deve ser imposta a crianças e jovens. Devemos também evitar usar linguagem que culpabiliza a vítima, que põe incorretamente a responsabilidade nos potenciais alvos de predação, que podem se autodescrever como sobreviventes ou vítimas.

Ao entendermos e aprendermos sobre relacionamentos saudáveis e abusivos, podemos combater o estigma que silencia as pessoas e evita que saiam de circunstâncias danosas e perigosas. Podemos criar espaço para que indivíduos se abram e busquem ajuda quando em relacionamentos nocivos. A violência entre parceiros íntimos prospera em qualquer sociedade que crie tabus em vez de infraestrutura para proteger pessoas vulneráveis. É crucial aprender mais sobre relacionamentos abusivos tomando consciência de como falamos sobre relações, particularmente sobre conflitos em relacionamentos. Culpar a vítima é danoso, pois reforça a ideia incorreta de que sobreviventes devem "parar de ser vítimas" em vez do fato de que abusadores devem ser responsabilizados pelo abuso. Colocar culpa, julgamento e vergonha em torno do "sucesso" de um relacionamento cria para muitos de nós a expectativa de que é melhor permanecer em um relacionamento nocivo em vez de sair dele. Ninguém merece sofrer abuso, agressão ou violência de qualquer forma ou em qualquer momento. Sair de relacionamentos tóxicos costuma ser a opção mais segura e saudável.

MANTENDO RELACIONAMENTOS

Todos os relacionamentos necessitam de certo esforço para permanecerem saudáveis e funcionais, uns mais ou menos do que outros. Um relacionamento que começa saudável pode se tornar tóxico se não for cultivado de maneira adequada, enquanto uma relação não saudável às vezes pode ser curada com tempo, intenção e investimento emocional. Quando o assunto é um relacionamento problemático, o desafio costuma ser descobrir se ele pode ser curado ou se vale a pena consertá-lo. Para uma relação ser mantida, seu estado deve ser analisado. Se ambas as pessoas estão ativamente contribuindo para o relacionamento, então ele é recíproco. Se a relação é unilateral, no entanto, ela é "não correspondida", o que significa que uma pessoa está participando, mas a outra não. Isso pode acontecer por vários motivos. Pode haver falhas na comunicação, ou a pessoa que não está participando está vivendo algo não relacionado que dificulta que ela mantenha o relacionamento. Uma coisa que rapidamente torna qualquer relação insustentável são as suposições, então é importante perguntar sobre o estado da relação em vez de presumi-lo. Relacionamentos são o que fazemos deles, e às vezes ninguém além dos participantes pode decidir se perdão e cura são ou não possíveis. Estabelecendo limites, mantendo comunicação constante e honesta, assumindo responsabilidades e estendendo o perdão, relacionamentos podem ser construídos e mantidos de forma a suportar os desafios da vida.

LIMITES

Limites são as regras e orientações que estabelecemos para nós mesmos em uma relação. A palavra *limite* muitas vezes dá a ideia de algo espacial, mas limites podem ser aplicados tanto a aspectos emocionais e mentais de um relacionamento quanto aos físicos. Os limites são os alicerces da autonomia, da privacidade e do bem-estar pessoais, assim como do respeito e do consentimento em nossas relações com os outros. Por exemplo, muitos de nós têm ansiedade social e podem achar difícil estar em multidões ou conhecer novas pessoas. Se você convidar alguém para o encontrar em um evento grande no qual a pessoa pode não se sentir confortável, certifique-se de respeitar e acomodar os limites dela levando em consideração o que pode ser necessário — por exemplo, um espaço destinado a relaxar após o estímulo ou a confirmação de que um grupo de pessoas conhecidas estará lá. Compartilhe informações sobre a situação com antecedência para que ela esteja preparada ou tome a melhor decisão. É importante aprender sobre limites lembrando que, quando uma pessoa estabelece um — como por fim escolher não ir ao seu evento —, isso não é um ataque pessoal ou um sinal de que ela não confia em nós. Pelo contrário, há uma oportunidade de estabelecer confiança quando uma pessoa nos diz do que precisa para se sentir respeitada, segura e honrada. Limites são pessoais e refletem o fato de que sabemos do que precisamos para nos sentirmos seguros. Relacionamentos saudáveis permitem que limites sejam expressos e respeitados.

O mais importante sobre limites é respeitá-los, e parte crucial disso é aceitar que não precisamos entender *por que* um limite existe para respeitá-lo. Por exemplo, se uma pessoa não quer um abraço ou geralmente não gosta de ser abraçada, esse limite deve ser respeitado, e é irrelevante — além de não ser da sua conta — o motivo de ela ter esse limite. Eu posso ter limites pessoais diferentes dos seus, e isso é absolutamente válido — limites pessoais são *pessoais* por isso. Quando se espera que deixemos pessoas ocuparem nossos espaços pessoais pois "todos os outros deixam" ou "é tradicional", há a falácia da pressão social que nega aos indivíduos a habilidade de determinar os limites em suas interações e de consenti-las ou rejeitá-las. Mesmo quando estamos em um relacionamento há muito tempo, é saudável e importante pedir explicitamente consentimento em vez de presumi-lo. O consentimento pode ser dado de diversas formas, e uma das mais claras é a comunicação verbal entusiástica e afirmativa, como "Sim". É importante ressaltar que nem todos se comunicam falando, e o consentimento também pode ser expresso com gestos corporais como acenar a cabeça, colocar o polegar para cima ou avançar em uma atividade (o que varia dependendo da atividade). Mesmo se dissemos sim ou consentimos inicialmente com algo, sempre é possível mudar de ideia e dizer não, e esse "não" deve ser respeitado.

Se estabelecer e reforçar limites ativamente é novidade para você, pode parecer esquisito ou desconfortável de início, mas essa é uma parte importante da manutenção de uma relação. Impomos limites aos outros em nossas vidas sobre pequenas coisas o tempo todo — por exemplo, podemos insistir muito com nossos amigos para que não deem *spoilers* sobre um novo filme ou série que ainda não conseguimos ver. Frequentemente estabelecemos esses limites com facilidade, seja bloqueando alguém nas redes sociais ou informando os outros sobre nossas alergias alimentares. No entanto, podemos hesitar em expressar limites com igual confiança quando o assunto é nossa privacidade, autonomia, nosso bem-estar e respeito. Podermos ou não confiar em alguém costuma depender do quão bem e consistentemente essa pessoa respeita nossos limites. Nem sempre podemos impor esses limites logo que conhecemos alguém, e nossos limites podem mudar no decorrer de um relacionamento. É preciso prática para se tornar confiante e comunicar esses limites, mas é uma habilidade importante a ser desenvolvida. Expressar um limite com comunicação direta, como dizer "Não quero beber" quando alguém oferece uma bebida alcoólica, nem sempre é algo respeitado ou bem recebido. Em certos casos, a interação pode escalar de uma conversa casual para um confronto. Embora não deva ser necessário que expliquemos nossos limites, muitas vezes usar humor ou frases já ensaiadas pode ajudar a evitar o ataque de pressão social que às vezes ocorre quando nossos limites pessoais não se alinham às expectativas sociais. Em circunstâncias como ao sermos importunados na rua com uma "cantada", reforçar o limite de que não queremos nos comunicar com um estranho pode não ser tão explícito quanto dizer "Não conheço você. Essa interação é unilateral e não me sinto confortável. Deixe-me em paz". E está tudo bem. Quando há variáveis ou dinâmicas de poder desiguais que não podemos resolver, devemos ter em mente que não reforçar um limite não é uma falha pessoal contanto que sejamos capazes de permanecer seguros.

Infelizmente, pressões sociais são fatores muito importantes nos limites que nos sentimos confortáveis em estabelecer. Costuma haver expectativas associadas a relacionamentos que não são ditadas pelas pessoas neles, mas pela sociedade ou por um grupo de pares. Elas são conhecidas como "limites sociais", "expectativas sociais" ou "normas sociais", e são as regras e orientações que a sociedade estabelece em relação a como nós, indivíduos, devemos ou não interagir com os outros virtual, física, emocional ou mentalmente. Como muitas coisas criadas pela sociedade como um todo, essas expectativas raramente funcionam bem para todos.

Muitas vezes há elementos de preconceito incorporados às normas sociais, assim como estão incorporados à sociedade. Em alguns lugares, expectativas sociais podem proibir demonstrações públicas de afeto, e esses limites podem ser codificados na forma de lei. O ódio aos LGBTQ+, por exemplo, impede que casais homoafetivos expressem afeição publicamente da mesma forma que é permitida a casais heterossexuais. (É importante ressaltar que os limites pessoais definem se um indivíduo consente ou não a uma demonstração pública de afeto, em primeiro lugar.)

Todos merecem ter seus limites respeitados, pois deveríamos ser aqueles que determinam como os demais interagem conosco. Não importa se esse é um conceito novo para você ou se já tem prática em estabelecer limites, todos podemos aprender mais sobre os limites que criamos para nós e sobre como respeitamos os dos outros. Aqui está uma lista de passos que podemos seguir para criar e estabelecer limites pessoais:

1. Reflita sobre o que você quer e precisa em uma interação, circunstância, relação ou outra situação para que sinta respeito e segurança.

2. Pratique comunicar essas orientações.

3. Expresse seus limites.

4. Lembre as pessoas sobre quais são seus limites (se possível) quando eles não são respeitados.

COMUNICAÇÃO

Comunicar-se, ou trocar informações, é parte fundamental de todos os relacionamentos, pois permite que nos expressemos àqueles com quem estamos conectados. A comunicação pode ocorrer de várias formas e nem sempre precisa ser com a fala — afinal, nem todos nos comunicamos falando. A comunicação clara pode ser alcançada de muitas formas, como com linguagem de sinais, sons, linguagem corporal, leitura labial, linguagem tátil, linguagem escrita e linguagem falada e não falada. Barreiras comunicativas podem incluir falta de acessibilidade; não entender uma língua, sotaque, norma cultural, contexto ou intenção; preconceito; dinâmicas de poder e outros. Quando eu namorava uma mulher que não falava inglês, tínhamos problemas para nos comunicarmos com eficiência. A única língua que tínhamos em comum era o espanhol, que ambas falávamos com proficiência questionável, então usávamos aplicativos de tradução em nossos encontros. A tecnologia não é infalível, no entanto, então é claro que cometíamos erros. Uma vez eu quis dizer que ela tinha sido esperta e desenvolta ao esconder uma surpresa de mim, mas quando fui traduzir a palavra *sneaky* (malandra, sagaz), o resultado na língua nativa dela (que não revelarei aqui para proteger sua privacidade) foi "como uma ladra". Então em vez de tentar demonstrar minha gratidão em forma de flerte e brincadeira, acabei sem querer a ofendendo, chamando-a de desonesta. Nem um pouco ideal! Tive que descobrir por que ela se sentiu frustrada quando tentei fazer uma brincadeira, e foi um desafio explicar que deveria ter sido erro de tradução e que chamá-la de desonesta não havia sido minha intenção. Quando nossa única forma de comunicação é a linguagem, podemos perder contextos importantes que enriquecem nossa experiência com as pessoas, o que costuma levar a problemas de comunicação. O contexto é muito

APRENDA MAIS SOBRE RELACIONAMENTOS 49

importante, assim como ter paciência e disposição para resolver problemas quando a comunicação dá errado.

A tecnologia aproximou muitas pessoas, suprindo lacunas e isolamentos linguísticos que resultavam de distância, capacitismo e outros, mas se comunicar por meio de linguagem escrita, como em mensagens de texto, postagens em redes sociais ou até mesmo livros, ainda pode ser difícil. Seja devido a contextos diferentes, neurodiversidade ou outros fatores, é muito comum que nossas comunicações sejam mal interpretadas. Por causa disso, tags de contexto, emojis e abreviações de internet como "KKK" tornaram-se métodos populares de comunicar tom e intenção. Por exemplo, a frase "Mal posso esperar pelo próximo e-mail" pode ser entendida como uma mensagem de antecipação genuína ou como sarcasmo. Adicionar um emoji sorridente ou a tag de contexto #*vdd* ("verdade") pode indicar que a intenção da frase é expressar entusiasmo, enquanto adicionar um emoji virando os olhos ou uma tag de contexto como #*sqn* ("só que não") pode indicar que o tom é irônico. Como educadora e influenciadora online, eu me comunico com muitos que estão apenas começando a aprender sobre os temas que ensino, então poderia magoar muita gente se encarasse todas as perguntas que recebo como sarcásticas em vez de presumir intenções positivas em todas as comunicações. Presumir intenções positivas (ou ao menos neutras) costuma ser algo bom a fazer ao interagir com alguém pela primeira vez. Em vez de presumir que estão me "trolando" ou zombando de mim quando me fazem uma pergunta online, eu suponho que a pessoa perguntando realmente não tem familiaridade com o contexto e busca uma resposta sincera. Um simples "Pode esclarecer mais o que quis dizer?" ou "Pode reformular a pergunta?" pode ser um modo eficaz para determinar se a intenção é desrespeito ou curiosidade. Também poupa o esforço emocional de determinar se devo me sentir defensiva ou receptiva à comunicação.

Mesmo quando não há barreiras óbvias na comunicação, ela ainda pode apresentar desafios, e conversas difíceis às vezes são necessárias. As pessoas podem sentir ansiedade ou apreensão ao falar sobre assuntos tabu ou quando tentam expressar o sentimento de terem

50 LEIA ISSO E APRENDA

sido desrespeitadas e/ou violadas. Se você precisa ter uma conversa difícil, mantenha estes seis princípios básicos em mente:

1. Comece de um ponto de respeito mútuo.

2. Fale para compartilhar uma mensagem, não para mudar a ideia de alguém.

3. Esteja presente e ouça com atenção. Evite participar de conversas para desconsiderar e silenciar o outro participante.

4. Estabeleça e respeite limites. Respeite quando ou se a outra pessoa está pronta para conversar. Lembre-se de que conversas difíceis podem acontecer em momentos de calma e não durante momentos caóticos e intensos.

5. Fale de sua experiência pessoal, e não pelos outros. Tenha a mente aberta a fontes confiáveis ao discutir informações que não são pessoais.

6. Seja paciente consigo e com os outros. Conversas não precisam ser "vencidas".

Esse guia pode nos ajudar a priorizar como, quando e por que motivo comunicamos algo sobre o qual pode ser difícil conversar. Como visto na seção sobre crenças do capítulo 1, é fundamental considerar quando e se uma crença nossa ou dos outros vale ser debatida. Se ela é nociva e desumanizadora, é absolutamente ok não engajá-la. É importante que a estrutura para conversas difíceis comece com respeito mútuo — com o entendimento de que mesmo que haja discordância, os envolvidos na conversa respeitarão um ao outro e reconhecerão a humanidade de cada um. Atacar a outra pessoa ou mencionar comportamentos do passado não relacionados para evitar abordar a questão atual são problemas comuns que surgem ao ter conversas difíceis. Tome cuidado para não desviar do assunto presente ou causar distração, a não ser que o fato esteja conectado e tenha relevância para a questão. Embora essas conversas possam ser difíceis e desconfortáveis, costumam ser necessárias para permitir que nos comuniquemos e mantenhamos relações saudáveis.

RESPONSABILIZAÇÃO E DESCULPAS

No processo de criar e manter relacionamentos, inevitavelmente cometemos erros. Se violamos os limites de alguém, não os respeitamos ou fazemos outra coisa que põe nossa confiabilidade em dúvida, é apropriado que assumamos a responsabilidade por esse erro. Em algum momento estaremos em situações nas quais será preciso assumir um erro nosso em relação aos outros, e em algum momento precisaremos decidir perdoar ou não alguém que errou conosco. A decisão de perdoar alguém pode depender de se e como essa pessoa pede desculpas ou demonstra reconhecer o erro. Quando fazemos algo que causa danos, é importante lembrar que, não importando se houve ou não a intenção de magoar, se alguém sofreu danos por nossas ações, precisamos nos responsabilizar por elas. Intenção não é o mesmo que impacto. Assumir a responsabilidade dessa forma também pode ser entendido como reconhecer que erramos.

Quando criança, aprendi que se responsabilizar significa pedir desculpas dizendo "Sinto muito". Ao crescer, vi a frequência com a qual pessoas dizem "Sinto muito" já esperando que o outro imediatamente ofereça perdão dizendo "Está tudo bem". Mas às vezes não está tudo bem. Em inglês, a palavra *"sorry"* ("arrependido") vem da raiz germânica que significa "aflito". Dependendo da região e do contexto, *"I'm sorry"* pode significar "Perdoe-me", "Com licença", "Sinto muito", "Pode repetir o que disse?" e muito mais. Se violamos um limite, ou magoamos ou desapontamos alguém de outra forma, o mais importante não é necessariamente que nos sentimos mal sobre isso, e sim que entendemos o que fizemos. Não precisamos *nos sentir* arrependidos para pedir desculpas ou assumir a responsabilidade e agir melhor no futuro. A palavra em inglês *"apology"* ("desculpa") vem do grego *apologia*, que significa "uma fala para defender". Nesse contexto histórico, *apologia* era uma resposta metódica ou uma justificativa frente a uma alegação ou acusação de má conduta. Ironicamente, o entendimento atual da palavra não poderia estar mais distante da raiz grega. No contexto atual, tais pedidos de desculpas são declarações de arrependimento por uma ação ofensiva, desrespeitosa, nociva ou decepcionante.

Um pedido de desculpas pode ser necessário para reconstruir a confiança, mas sem uma declaração de intenção e um plano para agir melhor futuramente, é difícil confiar que alguém vai se redimir e decidir se perdoaremos ou não. Vamos analisar o que significa pedir perdão por meio da seguinte estrutura que eu desenvolvi ao mediar conflitos entre alunos. Antes de pedir desculpas, seja honesto consigo sobre suas intenções com o pedido. Em muitos casos podemos não obter perdão imediato ou de jeito nenhum, então considere com calma suas intenções e seu objetivo. O ideal é que seu objetivo seja se responsabilizar e compensar a pessoa que você magoou, ela decidindo ou não lhe perdoar. Aqui estão quatro passos eficientes que podemos seguir para pedir desculpas:

1. Assuma a responsabilidade pelas ações que causaram danos à outra pessoa e pelos resultados desses atos. A responsabilização é a chave para reconstruir a confiança.

2. Peça desculpas, certificando-se de que o foco do pedido é como a outra pessoa foi afetada, e não como isso afetou *você*. Essa segunda é uma forma de deflexão e faz com que a outra pessoa precise lidar com os seus sentimentos, apesar de ter sido ela que sofreu o dano.

3. Expresse o fato de entender que o que fez foi nocivo, decepcionante ou ofensivo e por quê. Se o que você disser não estiver alinhado ao que a outra pessoa sente, vocês podem conversar mais sobre o assunto para chegar a um entendimento mútuo.

4. Comunique sua intenção ou plano de ser melhor no futuro e como (se possível) pode consertar o que foi feito.

Aqui está um exemplo do que você pode dizer para pedir desculpas por ter dito que faria o jantar e não tê-lo feito.

1. "Não fiz o jantar apesar de ter dito que faria".

2. "Sinto muito".

3. "Entendo que você contava comigo para fazer isso e que eu lhe decepcionei".

4. "Vou começar a cozinhar agora e, da próxima vez que você pedir, vou pôr um alarme para não perder a hora".

Seu pedido de desculpas deve começar com o reconhecimento da sua responsabilidade, demonstrar entendimento do dano causado, partir da humildade e incluir suas intenções de ser e fazer melhor no futuro. Seu pedido ser ou não aceito muitas vezes depende do quão nociva foi a sua ação. Mesmo se a única coisa capaz de melhorar a situação for o tempo, um pedido de perdão é um passo importante para demonstrar entendimento, boas intenções para o futuro e respeito mútuo.

QUESTÕES PARA REFLETIR

- Como você define "família"?

- Como você define "família escolhida"?

- Quais são alguns de seus limites pessoais? Às vezes a prática é necessária para reforçá-los ou descobri-los.

- O que o conceito de ubuntu significa para você? Debata ou escreva em seu diário sobre um exemplo de "humanidade para com os outros" e/ou "eu sou porque você é" em sua vida.

- Dê exemplos de relacionamentos saudáveis em sua vida ou na mídia. O que os torna saudáveis?

- Que suposições as pessoas fazem sobre sua família/ seus relacionamentos? Que suposições você faz sobre famílias/relacionamentos dos outros?

- Como seu entendimento de "amizade" evoluiu no decorrer de sua vida?

- Como você se sente sobre os limites em suas relações com família, amigos e parceiros íntimos? Há limites que você poderia se esforçar para desenvolver e impor?

CAPÍTULO 3

APRENDA MAIS SOBRE CLASSE

Classes sociais, também conhecidas como *status* socioeconômico, são um aspecto pouco discutido de nossas identidades sociais, mas é extremamente importante aprender mais sobre elas. *Socioeconômico* é um termo que descreve a interação de fatores sociais e econômicos. Nossa classe social costuma ser definida por uma combinação de educação, renda, patrimônio e ocupação reais ou aparentes, além do prestígio ou estigma associado que nos cabe em uma sociedade. Costuma-se chamar isso de "posição social", o que ilustra como nossa classe social real ou aparente é muitas vezes usada para determinar nosso nível ou posição dentro de uma sociedade.

É importante enfatizar o papel da percepção no entendimento de classe, pois vieses, discriminação e preconceito não têm base em fatos ou evidências, mas em suposições. Em sociedades capitalistas, incluindo os Estados Unidos, pessoas com mais capital (patrimônio em forma de dinheiro ou outros bens) são de "classe alta" e mais valorizadas do que aquelas com menos ou nenhum capital. O *capitalismo* é um sistema econômico e político no qual o comércio e a indústria são controlados por proprietários privados com o objetivo de lucrar. A estrutura de classes em várias teorias econômicas, como o capitalismo, orienta quem a sociedade vê e trata como "valioso" e "merecedor". O *classicismo* é o sistema de opressão que define nosso mérito ou valor com base em nossa classe social real ou aparente. O respeito mútuo e o reconhecimento de nossa humanidade não deveriam ter que ser conquistados, mas muitas de nossas instituições não refletem essa verdade graças ao classicismo. Entender classe é fundamental para aprender mais sobre todos os outros aspectos de identidade e vivência discutidos neste livro.

Estruturas sociais eurocêntricas são a base do sistema atual de classes em países eurocoloniais. O *eurocentrismo*, termo criado na década de 1970 pelo economista e cientista político marxista Samir Amin, significa priorizar ideologias, valores, ética, moralidade e conceitos europeus e diminuir e apagar todos os demais. O conceito de "mundo ocidental" é um exemplo de eurocentrismo, pois posiciona a Europa e a América do Norte no "Ocidente", a oeste, o que é relativo geograficamente. Para os povos indígenas da Turtle Island, que são as Américas, os colonizadores europeus vieram do leste. A ideia do "mundo ocidental" está enraizada na colonização europeia, e o "progresso" social é erroneamente avaliado de acordo com isso. Por esse motivo, é correto dizer "eurocolonial" ao descrever o que é incorretamente conhecido como "o Ocidente" ou "o mundo ocidental". Ao falar de regiões específicas, faça uso da linguagem atualizada, como Sudoeste Asiático e África do Norte (SWANA, sigla em inglês) em vez de "Oriente Médio", e Ásia (ou o nome dos países) em vez de "países do leste" ou o termo mais arcaico, "o Oriente". Combater o eurocentrismo ao aprender mais sobre classes também significa priorizar o trabalho de economistas e pensadores políticos não europeus, como Claudia Jones, Kwame Nkrumah, Cedric Robinson e Julius Nyerere.

Nos EUA, costumamos ser separados em classes alta, média e baixa, mas neste capítulo o foco será as dinâmicas de poder criadas por teorias econômicas e de classe que embasam a criação das classes em geral. A classe social não é determinada no vácuo — é influenciada por racismo, sexismo, capacitismo e outros. Para aprender mais sobre classe, precisamos examinar o que entendemos por trabalho e capitalismo.

TRABALHO E CLASSE

Depois de me formar na faculdade, eu me mudei para Washington, D.C., para fazer Direito na Howard University School of Law[*]. A decisão de me especializar em Direito foi elogiada por todos, mas a experiência em si não foi o que eu esperava. Em vez de me dedicar a algo que não era capaz de tolerar pelos próximos três anos, larguei depois de apenas sete semanas. Fazer isso foi a escolha certa para mim, mas foi algo dificultado por muitos de meus amigos e parentes que desconsideraram minha decisão ou duvidaram dela. Foi nessa época que percebi o quanto enfatizamos as relações com o trabalho e a formação acadêmica no que diz respeito ao nosso valor. Essa ênfase pode ser entendida como *meritocracia*, ou a ideologia política que concede poder, acesso e influência às pessoas com base em mérito aparente. *Mérito* é uma característica ou ação merecedora de honra ou estima, e, em teoria, uma meritocracia recompensaria aqueles considerados mais merecedores por suas capacidades, habilidades ou por sua ética trabalhista em vez de perpetuar uma sociedade dominada por aqueles com mais acesso ao poder. O problema da meritocracia é que o que constitui "mérito" é muito subjetivo e depende do contexto. O que nossa sociedade considera honrável, meritório e valoroso é muito fundamentado em capacitismo, racismo, sexismo, classicismo e em outros sistemas de opressão.

Eu não tinha um plano ao sair do curso de Direito, mas sabia que precisava de uma fonte de renda, então entrei para uma agência de cuidadores de crianças e comecei a trabalhar como babá para algumas famílias do Distrito de Colúmbia. O dinheiro era bom,

---

[*] O curso de direito nos EUA é feito após o aluno ter se graduado como bacharel em qualquer área. [N. da E.]

o trabalho era recompensador, os horários eram flexíveis e muitas vezes eu era convidada a viajar com a família nas férias sem gastar nada. Graças ao classicismo, no entanto, eu logo me lembrava de que a maneira como o trabalho é visto socialmente não depende apenas dos salários que recebemos ou das oportunidades que o que fazemos nos traz, mas do prestígio ou estigma associado a *como* ganhamos nossos salários. Quando eu participava de eventos sociais ou culturais em D.C. nas minhas folgas, a questão que aparecia sempre que conhecia alguém novo era "O que você faz?". Essa nunca era uma pergunta filosófica. Era o modo rápido de indagar "Como você se sustenta?" ou "Qual é o seu emprego?". Na época, meu trabalho era ser babá, então era o que eu dizia. Quase sempre, notava que os olhos da pessoa com a qual eu conversava tornavam-se desinteressados. Aqueles que se interessavam mais por conexões de carreira do que por conexões humanas supunham que eu não teria valor em uma conversa ou relacionamento. Ao conhecer pessoas novas agora e dizer a elas que sou autora e educadora, não tenho a mesma experiência. Como meu trabalho é "intelectual" ou considerado meritório pela sociedade, minha pessoalidade geralmente é vista por estruturas classicistas como tendo mais valor com base apenas no meu trabalho e nas percepções correspondentes. É importante observar que eu sou a mesma pessoa, não tendo mais ou menos valor como autora do que tinha como babá.

A ocupação que temos geralmente é chamada de trabalho, e nem todo trabalho é valorizado de forma igual pela sociedade. Além disso, nem todos os trabalhadores são vistos como iguais devido ao papel simultâneo de outros sistemas de opressão. O trabalho geralmente pode ser dividido binariamente entre qualificado e não qualificado, e contextos eurocoloniais e entendimentos modernos costumam descrever o trabalho como não qualificado, semiqualificado, qualificado e profissional. Todas essas definições se referem a quão especializado é o trabalho.

- **TRABALHO NÃO QUALIFICADO**: Não requer treinamento ou habilidades especiais.
- **TRABALHO SEMIQUALIFICADO**: Requer algumas habilidades ou capacitações, mas não muitas.

- **TRABALHO QUALIFICADO**: Requer habilidades, treinamento, conhecimento e capacidades especiais.

- **TRABALHO PROFISSIONAL**: Requer formação acadêmica e habilidades numerosas ou avançadas.

A palavra inglesa "*skill*" (habilidade) vem do termo em inglês arcaico para "conhecimento" e significa uma mestria ou capacidade de fazer algo bem. A divisão do trabalho por "habilidade" valoriza mais aquele realizado pela classe profissional com "alta formação acadêmica", que na sociedade eurocolonial é feita exclusivamente para homens brancos com acesso ao capital. Todos somos hábeis em algo, e geralmente em mais de uma coisa. No entanto, essas classificações de trabalho por nível de habilidade (e suas remunerações relativas) foram definidas quase exclusivamente por perspectivas, filosofias e valores europeus e eurocoloniais. Os ganhos não ocorrem para além dos fatores opressivos, e não é acidental o fato de o trabalho considerado não qualificado ou com pouca especialização historicamente ter sido relegado a pessoas marginalizadas. Aqueles considerados menos valiosos pela sociedade são compelidos aos empregos menos valorizados socialmente. Todo trabalho, porém, exige habilidades e conhecimentos, e todos deveriam ser respeitados e remunerados de forma justa. É lamentável, no entanto, que esse entendimento limitado com frequência oriente pagamentos e salários e, em muitos países, indique quem pode receber visto ou cidadania. Nos Estados Unidos, como a assistência médica é ligada ao trabalho, isso também pode ditar quem tem acesso a planos de saúde e cobertura médica.

Aprender mais sobre classe significa entender as dinâmicas de poder conectadas a ela, o que requer uma abordagem interseccional. A *interseccionalidade*, termo criado em 1989 pela Dra. Kimberlé Crenshaw, é uma estrutura que demanda que consideremos diversas formas de opressão ao mesmo tempo. Em um patriarcado racista, sem uma estrutura interseccional, apenas mulheres brancas seriam consideradas em análises de sexo e gênero e apenas homens negros seriam levados em conta em análises raciais. Tenha em mente que a interseccionalidade não significa apenas nomear nossas identidades, mas também o contexto e os modos pelos quais sistemas de opressão nos prejudicam ou beneficiam, e devemos incluir nela a análise de classe, além dos muitos outros aspectos que compõem nossas identidades. A professora de gênero, sexualidade e estudos feministas Dra. Jennifer C. Nash destaca que a interseccionalidade não é em si uma tática para combater a opressão, mas uma lente através da qual táticas antiopressão devem ser pensadas. Ao abordar nosso entendimento sobre trabalho por uma perspectiva interseccional, o gênero e a desigualdade salarial oferecem um bom exemplo. Nos Estados Unidos, o dia 24 de março é o Dia da Igualdade Salarial, que corresponde ao número de dias no ano que, em tese, uma mulher branca teria que trabalhar a mais em determinada função para ganhar o mesmo que um homem branco ganhou no ano anterior. Então, por exemplo, se um homem branco ganha US$100 mil em um ano (365 dias), uma mulher branca afetada pela desigualdade salarial sexista, em tese, não acumularia a mesma quantia até 24 de março do ano seguinte (448 dias). Ao mesmo tempo, o homem branco neste exemplo já teria 83 dias no percurso rumo aos próximos US$100 mil. O Dia da Igualdade Salarial das Mulheres Negras é ainda mais distante, em agosto, o que mostra que mulheres negras não apenas vivenciam uma desigualdade salarial sexista, como também racista. Outros grupos de mulheres racializadas também vivenciam diferenças salariais sexistas e racistas. Tais desigualdades revelam que a remuneração não tem base apenas no tipo de trabalho, mas também é ditada por como a sociedade valoriza ou desvaloriza a pessoa que desempenha o trabalho. Sem esse contexto necessário, não temos como ver a desigualdade salarial como um todo.

O fato de um homem branco ser melhor remunerado do que uma mulher negra — que ganha de US$0,48 a US$0,68 para cada US$1 que um homem branco ganha nos EUA — é o resultado da supremacia branca e do patriarcado nos quais o sistema de classes estadunidense foi construído. Os economistas preveem que a desigualdade salarial sexista será eliminada até 2059 com base em dados que mostram que ela diminuiu US$0,08 nos últimos 25 anos. Mas isso apenas resolverá a diferença salarial entre mulheres e homens brancos. A desigualdade entre homens brancos e mulheres negras pode ser resolvida mais cedo se as pessoas no poder criarem políticas e leis que priorizem isso. Políticas como licença parental, transparência salarial e compensação por práticas injustas de contratação e promoção são passos necessários que podem ser implementados para aproximar essa projeção de ano de paridade.

Para aqueles que não podem trabalhar ou se sustentar de outra forma em sistemas capitalistas, programas de apoio financeiro como a previdência social são criados para ajudar. Como qualquer sistema de opressão, o classicismo é exacerbado por outras formas de opressão, como o capacitismo. Nos Estados Unidos, a elegibilidade para o *Supplemental Security Income* — SSI ("Renda de Segurança Suplementar", um programa de apoio financeiro do qual muitas pessoas com deficiência dependem) limita o capital que os participantes podem ter. Para ter direito em 2020, "seus recursos contáveis não podem ultrapassar o valor de US$2 mil para um indivíduo ou de US$3 mil para um casal". Como dito claramente no site do governo, "Chamamos isso de limite de recursos", e os recursos contáveis incluem "qualquer outro bem seu que possa ser trocado por dinheiro e gasto em alimentação e moradia". Apenas algumas posses específicas não contam para o limite de recursos como participante da SSI. Embora a aplicação dessas regras possa variar por pessoa ou estado, é possível que quem tenha mais de US$2 mil em uma poupança e/ou sob a forma de outro ativo deixe de ser elegível a esse programa essencial de apoio financeiro. O objetivo do limite de recursos é restringir o uso desse programa àqueles com as maiores necessidades financeiras, mas, na prática, as restrições da SSI e de programas similares podem empobrecer os participantes enquanto afirmam ajudá-los. Isso se deve em grande parte ao capacitismo e ao classicismo na sociedade que desumanizam as pessoas incapazes de trabalhar, de se sustentar ou que estejam em situação de miséria. De acordo com o *Center for American Progress* ("Centro pelo Progresso Estadunidense"), "esses limites não foram atualizados em 40 anos, e assim os beneficiários são empobrecidos ainda mais a cada ano". Há 40 anos, US$2.000 seriam equivalentes a US$6.281,82 hoje quando ajustados à inflação, porém o limite de ativos permanece no nível estabelecido em 1980. Estudiosos e ativistas da deficiência solicitaram o aumento do limite de recursos, mas os modos pelos quais esses programas são regulados têm grande influência do capacitismo e do classicismo. Pessoas com deficiência não são as únicas sujeitas a restrições problemáticas estabelecidas por instituições que deveriam ter nosso bem-estar em mente. É importante analisar criticamente os requerimentos de elegibilidade e as barreiras de acesso a programas que afirmam ter sido criados para nos apoiar.

Aprender mais sobre classe significa entender que nosso valor e direito de viver *bem* não estão ligados a se trabalhamos ou não, que tipo de trabalho desempenhamos ou quão produtivos somos em tal trabalho. O Programa dos Dez Pontos do Partido dos Panteras Negras de 1966, intitulado "What We Want" ("O que queremos"), incluía aspectos importantes como "habitações decentes dignas de abrigar seres humanos" e "terra, pão, moradia, educação, vestimenta, justiça e paz" entre os principais requisitos para uma sociedade mais justa e igualitária. Todas as pessoas merecem ser reconhecidas como inerentemente merecedoras por existirem, e não deveríamos ser ranqueadas em uma hierarquia com base no quanto contribuímos — ou aparentamos contribuir — para uma economia ou sociedade. Uma advogada não é inerentemente mais valiosa que uma babá, e nenhuma delas tem mais valor inerente que alguém que não trabalha ou não pode ter um trabalho assalariado tradicional. Quem somos e como somos avaliados não deve ser algo vinculado à "nossa ocupação". Essas definições eurocoloniais de situação de classe, trabalho e valor são profundamente enraizadas na opressão, e somos levados a crer que elas são as únicas maneiras de se entender o trabalho e nós mesmos. É óbvio que isso não é verdade. Muitas das formas pelas quais entendemos nosso próprio emprego e nossa relação com o trabalho são embasadas pelo fato de que vivemos em — ou tivemos muita influência de — sistemas primariamente capitalistas que priorizam a produtividade e o lucro em detrimento das pessoas. O capitalismo não é a única forma de organização social, e os Estados Unidos não são um sistema puramente capitalista. Vamos examinar a teoria social e econômica do capitalismo.

CAPITALISMO

Não podemos aprender mais sobre classes sociais sem examinar os modos pelos quais teorias econômicas orientam nosso entendimento sobre elas. Teorias econômicas não apenas se relacionam a aspectos como o dinheiro, mas também a crenças sobre o poder e como ele deve ser distribuído ou negado. Esse estudo sobre o poder é chamado de *política*. Nos Estados Unidos, o capitalismo costuma ser venerado como a melhor teoria econômica, e é a base de nossa economia. O capitalismo defende que comércio e indústria sejam controlados por proprietários privados objetivando lucro. O capitalismo em sua forma mais extrema e aperfeiçoada é a escravidão, a exploração absoluta do trabalhador para benefício absoluto do capitalista (ou dono).

Embora seja uma teoria econômica dominante em prática no mundo atual, o capitalismo é uma invenção relativamente recente se considerarmos toda a história humana. Antes dele, a maioria das sociedades baseava-se no comunalismo, muitas vezes descrito como uma forma "primitiva" do comunismo. (Observe que a palavra *primitiva* deve ser evitada, pois é eurocêntrica — considera a sociedade eurocolonial como a definição de modernidade e progresso e costuma ser usada em contextos eurocoloniais para descrever qualquer coisa relacionada a indígenas ou a outros povos racializados.) O *comunalismo* é uma teoria política e econômica baseada na organização da sociedade e das propriedades em pequenas comunas ou comunidades locais que trabalhavam visando objetivos comuns, como segurança, estabilidade e sustentabilidade. Antes do capitalismo na Europa, havia o comunalismo e o feudalismo. Pagar aluguel a locatários é um dos muitos resquícios do feudalismo. *Feudalismo* tem significados diferentes em contextos históricos e regionais diversos, mas a versão europeia era baseada na troca de terras por serviços, que podiam incluir apoio agricultural, militar ou político. No entanto, crises que desestabilizaram a sociedade, como a peste bubônica dos anos de 1300 e a Guerra dos Cem Anos (1337–1453) entre França e Inglaterra, criaram instabilidade econômica e política. Ao mesmo tempo, a população reduzida e as consequências resultantes colocaram maior ênfase social nos direitos humanos individuais, incluindo o direito à educação para servos e camponeses (em vez de apenas nobres). Isso foi desgastando a base do feudalismo. Com o coincidente aumento da colonização racializada dos anos de 1400 para frente, o feudalismo teve declínio consistente. Um pilar do novo modelo capitalista foi solidificado pela fundação de duas corporações internacionais: a Companhia Britânica das Índias Orientais em 1600, seguida rapidamente pela Companhia Holandesa das Índias

Orientais em 1602. O capitalismo despontou durante o início do período de colonização europeia e correspondeu à invenção de raça, sobre a qual aprenderemos mais no capítulo 5.

Embora o capitalismo seja a principal teoria econômica usada nos Estados Unidos, não somos um sistema exclusivamente capitalista. Programas de bem-estar social nos setores de educação, moradia e assistência médica têm bases firmes em teorias socialistas, e muitas pessoas não são capazes de sobreviver sem eles. No entanto, o acesso a tais programas não é dado a pessoas o suficiente. Pensar criticamente sobre as classes e as teorias econômicas por trás de nossos entendimentos de classe é necessário para imaginarmos e buscarmos um mundo mais solidário, justo e igualitário.

CAPITALISMO RACIAL

Os Estados Unidos podem ser entendidos como uma sociedade de capitalismo racial, ou, como a pesquisadora de estudos negros Dra. Charisse Burden-Stelly chama, "capitalismo racial estadunidense moderno", uma "economia política racialmente hierárquica" sustentada por guerras, imperialismo, militarismo, desapropriação e "superexploração trabalhista". Por exemplo, nos Estados Unidos, até 1865, a escravidão de "bens móveis", ou compra, venda, negociação, herança e dominação de africanos escravizados como propriedade, definiu e sustentou a economia. A escravidão de "bens móveis" é um exemplo de superexploração trabalhista, pois explora por completo a pessoa escravizada e beneficia por completo o dono ou capitalista.

Exemplos contemporâneos do capitalismo racial e sua indispensável superexploração trabalhista incluem a crise do encarceramento em massa que impacta desproporcionalmente negros e outras pessoas racializadas nos Estados Unidos. No momento da redação deste capítulo, o trabalho prisional sustentava muitas grandes empresas, como a 3M, cujo patrimônio líquido em 2020 era de US$101 bilhões. O *insourcing*, ou a manufatura de produtos usando trabalho prisional, permite que empresas digam que seus produtos foram fabricados nos EUA (uma afirmação que às vezes carrega a suposição de que os direitos dos trabalhadores foram protegidos) enquanto pagam aos encarcerados a quantia repreensível de US$0,23 a US$1,15 por hora para realizarem o mesmo trabalho que pessoas não encarceradas. Nos EUA, isso é considerado constitucional, pois a 13ª emenda aboliu a escravidão e a servidão involuntária "exceto como punição para crimes". Para melhor ilustrar a superexploração do trabalho prisional, o UNICOR, programa governamental daquele país que permite que empresas se beneficiem do trabalho de presidiários, declara que "os detentos recebem aproximadamente 0,04 de cada 1 dólar de receita de vendas, usada principalmente para pagar importantes obrigações financeiras". Esses dados são usados como proposta de valor para empresas que buscam usar o trabalho prisional do UNICOR em seus sistemas de abastecimento. O fato de os presidiários verem potencialmente apenas 0,04 de cada 1 dólar é o motivo pelo qual empresas que usam o trabalho prisional são capazes de ostentar lucros tão massivos. A riqueza nesse caso vem à custa da superexploração de outros. Esses pagamentos, apesar de inadequados, muitas vezes são preferíveis aos míseros US$0,12 a US$0,40 por hora pagos por tarefas mandatórias de trabalho prisional, como "serviço de refeições, encanamento, pintura ou jardinagem" exigidos de todos os detentos "medicamente aptos".

Ao examinarmos o capitalismo e as consequências específicas do capitalismo racial, podemos aprender mais sobre injustiças importantes, como a pobreza, de maneira interseccional. Considere o número desproporcionalmente alto de pessoas sem teto na comunidade negra ou o número desproporcionalmente baixo de negros que possuem casa própria. Em 2019, negros estadunidenses somavam 40% dos sem teto nos EUA, embora sejam apenas 13% da população do país (ao mesmo tempo que brancos somavam 48% dos sem teto do país e formavam 77% da população estadunidense). Em termos de habitação, que exploraremos mais no capítulo 5, apenas 44% das famílias negras dos Estados Unidos têm casa própria, em comparação com 73,7% das famílias brancas do país.

Aprender mais sobre classe nos ajuda a ver que os EUA foram construídos sobre injustiças e que se sustentam delas, como classicismo, racismo e outras formas de opressão e discriminação. Apesar de ter estudado em escola pública, aprendi sobre as maravilhas do capitalismo e do livre mercado. Embora o capitalismo, em teoria, permita a livre iniciativa e o crescimento e sucesso desenfreados por meio do trabalho árduo, devido ao sistema de classe e a outras formas de opressão, o trabalho árduo não se traduz automaticamente em capital no modelo capitalista (como vemos claramente no exemplo do trabalho prisional). Para essa ser uma possibilidade, todo trabalho ou esforço deveria ser avaliado da mesma maneira e teríamos que ter regulamentações que codificassem e impusessem essa valorização igual. Como no feudalismo, no capitalismo as pessoas que cultivam a terra ou manufaturam os produtos são as que menos se beneficiam com seu trabalho, enquanto os dirigentes ou donos de empresas são os que mais se beneficiam. A abordagem do economista e pensador político Dr. Cedric Robinson sobre a interseção de capitalismo e racismo examina como os complexos sociais, culturais, políticos e ideológicos do feudalismo europeu continuam nos dias de hoje. Em muitos casos, os benefícios do capitalismo são apenas benéficos graças à superexploração de outras pessoas.

SOCIALISMO

O socialismo muitas vezes é visto como o oposto ou a antítese do capitalismo, mas na verdade é simplesmente outro modo de pensar sobre economia e política. O socialismo defende que seja comunitária ou social — em vez de privada — a regulação da produção, distribuição e troca de capital. Ele prioriza todos os membros da sociedade, não apenas a minoria no poder, com tudo criado pela sociedade sendo distribuído para beneficiar todos na comunidade. É importante observar que o socialismo e o comunismo, embora relacionados, não são a mesma coisa. O comunismo é a organização da sociedade *sem* propriedades privadas, divisão de classe e de trabalho. O socialismo costuma ser considerado uma ponte entre o comunismo e o capitalismo, pois é a organização da sociedade com base em propriedades privadas, divisões de classe e de trabalho *limitadas*. A principal diferença entre o capitalismo e o socialismo é que, no primeiro, o lucro é possuído e regulamentado de forma privada, e, no segundo, de forma coletiva.

Por toda a história dos Estados Unidos, o capitalismo e o socialismo foram colocados um contra o outro como formas opostas não apenas de teorias econômicas e sociais como de moralidade. A ênfase basilar dos EUA na propriedade privada (que fundamentalmente incluía a posse de pessoas por meio da escravidão) resultou em profundos preconceitos institucionais e sociais contra qualquer forma de teoria econômica que defenda propriedades comunitárias em vez de privadas. Durante o século XX, chamar alguém de "comunista" significava questionar sua lealdade aos Estados Unidos, e muito desse preconceito permanece. Em tais instâncias, não importava se alguém era socialista ou comunista, pois essas teorias distintas eram confundidas e detestadas.

As atitudes sociais contra o comunismo e o socialismo não são exclusivas a contextos interpessoais, mas foram questão de políticas estadunidenses por décadas. O Comitê de Atividades Antiamericanas foi criado em 1938 para investigar supostas deslealdades e atividades subversivas por cidadãos, funcionários públicos e organizações estadunidenses suspeitos de terem crenças comunistas ou ligação com governos comunistas. Os Estados Unidos também se esforçaram para desestabilizar governos comunistas e socialistas democraticamente eleitos, como no envolvimento do país no golpe de Estado chileno de 1973 contra o político Salvador Allende. É impossível examinar o socialismo sem observar esses contextos subliminares de preconceito institucional, e é importante reconhecer que receios subliminares provenientes desse preconceito podem tornar essa uma conversa difícil de se ter.

Assim como o capitalismo funciona de maneira diferente em vários contextos históricos, regionais e circunstanciais, o socialismo também tem muitas formas e aplicações. Em 2019, o Pew Research Center constatou que 55% da população estadunidense via negativamente o socialismo e apenas 42% o via positivamente. Os temores em torno do socialismo incluem as ideias de que ele remove o incentivo para as pessoas trabalharem e dependerem de si e que ele enfraquece a democracia. Muitos desses medos têm base em suposições e mitos da época da Guerra Fria, e não em exemplos reais de implementações do socialismo. Mesmo com programas socialistas como a renda básica universal (que oferece uma renda fixa a constituintes com base em rendas excedentes na economia), as pessoas ainda trabalham, mas as que não o fazem ou não podem fazê-lo não são, é importante dizer, penalizadas ou empobrecidas. Durante a pandemia de COVID-19, *stimulus checks* ("cheques de estímulo") funcionaram na prática como uma renda básica universal para cidadãos estadunidenses elegíveis. Em vez de destruir a economia, esses pagamentos a sustentaram, e as pessoas que tinham empregos e podiam trabalhar continuaram a fazê-lo.

Sobre se o socialismo enfraquece a democracia, em alguns casos, a democracia na verdade é fortalecida por serviços públicos socialistas. Qualquer programa de governo que ofereça serviços socialmente financiados a qualquer membro da sociedade é socialista e "evidência de que a democracia funciona", de acordo com o pesquisador de estudos comportamentais e de segurança nacional Akeem Omar Ali. Nos EUA, um marco valorizado da nossa infraestrutura é o Serviço Postal dos Estados Unidos. O serviço postal é um programa socialista, e apesar de apenas 42% dos cidadãos estadunidenses aprovarem o socialismo, 91% aprovam o serviço postal. Por isso, devemos aprender mais sobre o socialismo sem preconceitos e desinformação. Como discutimos no capítulo 1 ao falarmos sobre crenças, é fundamental estarmos abertos a informações bem pesquisadas, mesmo quando são contrárias a ideias que tivemos antes, usando o pensamento crítico. Pelo valor de um selo, as correspondências estadunidenses são entregues, seja o cheque de um patrão, a SSI, um novo cartão de crédito ou uma cédula de votação por correio. As eleições dos EUA de 2020 não poderiam ter acontecido durante a pandemia de COVID-19 sem o programa socialista de serviço postal.

Apesar da baixa aprovação do socialismo pelos estadunidenses, exemplos dele podem ser encontrados por todos os lados. Um programa socialista do qual muitos jovens se beneficiam é o Programa Nacional de Merenda Escolar, que oferece almoços gratuitos ou a preços baixos para alunos de escolas todos os dias, e o *Free Breakfast Program* ("Programa de café da manhã gratuito"), que se tornou popular após sua ampla implementação nos EUA pelo Partido dos Panteras Negras nas décadas de 1960, 1970 e 1980. Jovens precisam estar nutridos para aprenderem e prosperarem, e se uma pessoa jovem ou sua família não pode pagar almoços diários, ela não deve ficar com fome. Em algumas escolas, almoços gratuitos para alunos que não podem pagar são pagos com um custo adicional aos alunos que podem pagar. Em outros casos, programas de almoço em escolas públicas podem ser financiados pelo governo por meio de impostos. Outros exemplos de distribuição social ou comunal de recursos incluem pequenas bibliotecas, jardins comunitários, geladeiras comunitárias e fundos de auxílio mútuo. Essas iniciativas organizadas pelas comunidades ajudam a compensar problemas como falta de bibliotecas publicamente financiadas (outro programa socialista) ou desertos alimentares resultantes de práticas de *redlining* ("linha vermelha") implementadas durante a Guerra Fria nos Estados Unidos (sobre as quais aprenderemos mais no capítulo 5). Cuidar dos outros em nossas comunidades é algo bom, e muitos programas socialistas permitem que cumpramos esse valor.

Uma crítica ao socialismo é a alegação de que ele sempre falha. Mas o que constitui um fracasso ou sucesso depende do contexto e das dinâmicas de poder que ditam quem declara o sucesso ou fracasso. As pessoas no poder cuja riqueza é obtida à custa dos outros costumam considerar o socialismo uma ameaça a seu poder e patrimônio — e para ser justa, é mesmo. Também é uma ameaça à inequalidade sistêmica, que permite que a riqueza seja acumulada em detrimento de pessoas que são empobrecidas por esse acúmulo. No socialismo, se o ganha-pão de alguém vem em detrimento das vidas dos outros, essa opressão é compensada por coisas como políticas e impostos. Ser taxado não é nem remotamente similar a encarar os impactos da miséria e da exploração. Em países socialistas, ainda existem milionários e bilionários, mas esses pagam uma parcela justa de impostos em vez de receberem incentivos fiscais exploratórios que os permitem acumular riqueza sem compensar o sistema que os permitiu acumulá-la (aprenderemos mais sobre isso na próxima seção).

O capitalismo racial é considerado muito bem-sucedido por milionários e bilionários, mas para os encarcerados que ganham menos de um dólar por hora para produzir produtos que enriquecem tais milionários e bilionários, ele é um fracasso absoluto. Se a igualdade nos parece mais um fracasso do que sucesso e progresso, pode ser que estejamos tão carregados de privilégios que não pensamos criticamente sobre as formas pelas quais os sonhos de algumas pessoas se tornam possíveis por meio dos pesadelos de outras. Como declarou o pan-africanista e organizador de movimentos pelos direitos civis Kwame Ture, "Todo sistema econômico deve responder a uma pergunta fundamental: quem dominará e controlará a riqueza do país? A pergunta só pode ser respondida de duas maneiras: ou poucos dominarão, ou todos o farão. É simples assim." A análise dele requer que continuemos a nos esforçar para ter uma sociedade mais consciente, informada e solidária. Como explicou o pensador político e pan-africanista Kwame Nkrumah, deve haver uma mudança na ética que envolve o capitalismo para que tenhamos o socialismo ou qualquer forma de organização econômica que não priorize indivíduos lucrando à custa da sociedade em geral.

Teorias econômicas, tenham elas base em propriedades privadas ou públicas, vêm sendo usadas com eficácia em larga escala por toda a história até os dias de hoje. Se não examinarmos os sistemas de organização social e econômica que governam nossa vida, arriscamos nos tornar vítimas de seus piores elementos enquanto só aprendemos sobre os melhores. Aprender significa determinar quais aspectos de nosso entendimento necessitam ser desafiados assim como expandidos.

ACÚMULO DE RENDA VERSUS ECONOMIA COOPERATIVA

Um sistema capitalista cria necessariamente grandes disparidades de renda, nas quais algumas pessoas não têm recursos suficientes para sobreviver, enquanto outras acumulam muito mais recursos do que precisam ou, de forma sensata, seriam capazes de gastar em uma vida. Como aqueles no poder têm autoridade econômica assim como social e política, muitas de nossas instituições foram criadas para manter, obscurecer ou elogiar gigantescas desigualdades. Durante a pandemia de COVID-19, que começou em 2020, os magnatas de negócios bilionários Jeff Bezos e Elon Musk tiveram lucros inimagináveis apesar do caos que a pandemia infligiu na economia e sociedade como um todo. A recessão econômica e as crises nos sistemas de saúde e moradia exacerbadas pela pandemia resultaram em muitas pessoas ao redor do mundo sofrendo sem acesso a necessidades humanas básicas como alimentação, abrigo e cuidados médicos. Embora a pandemia não tenha criado esse abismo entre os que têm e os que não têm, tais consequências gritantes podem nos ajudar a aprender mais sobre o acúmulo de renda. No momento de redação deste capítulo, Elon Musk tinha acumulado tanto capital que poderia gastar US$500 mil por dia pelos próximos 100 anos e seu dinheiro não acabaria.

Para que bilionários ou poucas pessoas ridiculamente ricas existam, é necessário acumular recursos sob a forma de capital à custa de todos os demais. Em 2018, o 1% no topo dos contribuintes estadunidenses tinham uma média de ganhos anuais de US$1.316.985, enquanto a média de todos os demais (os 99%) era de apenas US$50.107. Sem aprender mais sobre o acúmulo de renda, é difícil entender por completo quantos recursos estão nas mãos de uma porcentagem minúscula da população dos Estados Unidos. Sob um ponto de vista capitalista, qualquer decisão que resulte em trabalhadores recebendo mais por seu trabalho é considerada uma "má decisão de negócios", a não ser que resulte em mais produtividade ou lucro. Em um sistema capitalista, as pessoas que vendem sua força de trabalho por salários (como eu) são chamadas trabalhadoras (ou "os 99%"), e as pessoas que se beneficiam mais desse trabalho são chamadas capitalistas (ou "o 1%"). O capitalismo estimula os empregadores a pagar o mínimo possível a seus empregados (em outras palavras, literalmente o salário-mínimo), e, nos EUA, o governo permite que essas empresas gastem uma porcentagem de seus rendimentos para fazer lobby ou influenciar líderes políticos para que aprovem leis que interessem às corporações. Sindicatos, ou organizações que defendem os direitos dos trabalhadores, e leis como a do salário-mínimo são mecanismos que regulam a exploração trabalhista. Infelizmente, não é correto dizer que os sindicatos evitam a exploração dos trabalhadores, pois se estão operantes em um sistema capitalista, os empregados estão sendo explorados. Embora devamos reconhecer o papel importante desempenhado pelos sindicatos no que diz respeito aos direitos trabalhistas, também devemos ser honestos quanto ao contexto de exploração no qual eles existem.

72 LEIA ISSO E APRENDA

É importante aprender mais sobre o capitalismo lembrando que, embora nele "não haja consumo ético", participar ativamente no acúmulo de recursos e na exploração dos trabalhadores não é a única forma de atuar em um sistema capitalista. Há três estruturas primárias para empresas capitalistas: voltadas a lucro (propriedade de acionistas), empreendimentos estatais (propriedade do governo) e cooperativas de trabalhadores (propriedade dos trabalhadores). Nem toda empresa funciona por exploração, mas determinar se esse é ou não o caso costuma exigir uma análise completa de sua cadeia global de suprimentos e de seus relatórios de contas e de sustentabilidade. A empresa espanhola Mondragon é a maior corporação do mundo baseada no modelo de cooperativas de trabalhadores interconectadas (também chamadas de *co-ops*). Ela é propriedade dos trabalhadores e dirigida por eles, e os salários são determinados por meio de voto democrático, que vem sendo utilizado com sucesso desde a fundação da empresa em 1956. Os trabalhadores deveriam ser aqueles que se beneficiam mais com seu trabalho, e embora a Mondragon Corporation ainda seja uma empresa de varejo que participa do capitalismo, ela o faz de maneira inovadora orientada pelo socialismo.

A ujamaa, uma ideologia socialista africana implementada durante a presidência do pensador político e pan-africanista Julius Nyerere na Tanzânia, após o país se tornar independente da Grã-Bretanha em 1961, é um excelente exemplo de subversão das estruturas de poder e exploração do capitalismo. *Ujamaa* é uma palavra em suaíle que significa "comunidade" ou "união" e, no contexto das políticas de Nyerere, pode ser entendida como "economia cooperativa".

Os princípios da ujamaa englobam elementos do ubuntu por meio de sua ênfase no respeito mútuo e na humanidade e interconexão inerentes a todos os seres humanos. Ela reconhece que não podemos honrar a interconexão de nossa humanidade sem sermos, ao mesmo tempo, cooperativos no compartilhamento de recursos. Podemos praticar a ujamaa compensando igualitariamente as pessoas por seu trabalho de acordo com suas contribuições. Em vez de explorar trabalhadores e não pagar nada ou apenas o mínimo às pessoas, a ujamaa reconhece a necessidade de uma justiça econômica que beneficie objetivos comuns acima de metas individuais.

O cooperativismo não serve apenas para compensar as pessoas; ele também inclui o entendimento de que recursos dos quais não precisamos deveriam ser redistribuídos para aqueles que precisam deles por virtude de sua humanidade e de nossa interconexão coletiva. O impacto dos bilionários (que simplesmente não poderiam existir em um modelo de economia cooperativa) é melhor ilustrado por este exemplo: se todos os bilionários dos Estados Unidos usassem sua renda de março de 2020 até janeiro de 2021 para beneficiar todos os estadunidenses, seriam facilmente capazes de dar US$3.900 para cada adulto e criança nos EUA e permanecerem as pessoas mais ricas do país. Meras 651 pessoas poderiam oferecer uma ajuda imensurável às aproximadamente 331 milhões de pessoas nos Estados Unidos sem sofrer consequências adversas.

"Viver de salário em salário" e "passar por dificuldades" são eufemismos comumente usados para esconder o fato de que a exploração e o empobrecimento são o preço que a sociedade capitalista decidiu pagar para ter bilionários. Em 2020, enquanto o desemprego estava em uma alta histórica, 56 pessoas ficaram bilionárias. Se a riqueza fosse redistribuída como no exemplo anterior, a economia não apenas melhoraria como, mais importante, haveria melhora imediata no sustento das pessoas, e os bilionários não sofreriam consequências adversas. É bastante improvável, no entanto, que uma redistribuição de renda nessa escala aconteça, pois os super-ricos não têm incentivos para oferecer ajuda direta aos demais cidadãos exceto sob forma de filantropia e caridade (nos Estados Unidos, doações de caridade feitas a organizações legalmente registradas podem ser usadas para abonar impostos). Em vez de taxar adequadamente os bilionários, nossas instituições promovem a noção de filantropia e caridade para remediar as falhas que resultam desse abismo patrimonial. Caridade e filantropia por si, porém, não são capazes de compensar o custo do empobrecimento criado pelo acúmulo de renda. Economistas concordam que uma boa maneira de tentar redistribuir renda acumulada é por meio de maiores impostos federais e estaduais para as pessoas mais ricas da sociedade. A atual estrutura tributária revela que em muitos casos empresas e bilionários acumuladores de patrimônio por lei não precisam pagar *imposto algum*. De acordo com o *Institute on Taxation and Economic Policy* ("Instituto de Tributação e Políticas Econômicas") em 2020, um estudo multianual de empresas lucrativas nos EUA mostrou que muitas não pagavam impostos. Por exemplo, a Delta Airlines e a Chevron tinham uma taxa de tributação relativa de –4% graças a todos os abatimentos fiscais empresariais que podiam utilizar. No entanto, abordar as políticas que permitem que empresas e bilionários evitem a compensação sob a forma de impostos não seria o suficiente; também é necessário repensar a estrutura global do capitalismo, possivelmente sob a forma de um imposto global mínimo. A Secretária do Tesouro dos Estados Unidos Janet Yellen defendeu o estabelecimento de uma taxa mínima global sobre as empresas a nível internacional. Tal estrutura tributária estabeleceria um imposto mínimo sobre os lucros de qualquer corporação multinacional que se qualifique. Isso ajudaria a diminuir a probabilidade de empresas usarem países com menores taxas para proteger sua renda e evitar pagar uma parcela justa de impostos em países com leis tributárias mais abrangentes.

QUESTÕES PARA REFLETIR

- Como você se apresentaria sem falar sobre seu trabalho ou área de estudo?

- Como você se sentiu aprendendo sobre o capitalismo? E sobre o socialismo? Aprendeu algo novo?

- O que você define como "trabalho"?

- Que preconceitos pessoais você tem quanto a ocupações diferentes? Você respeita certas profissões mais do que outras? Por quê? Onde acha que aprendeu isso?

- Como seu trabalho é classificado: não qualificado, semiqualificado, qualificado ou profissional? Você concorda com essa classificação?

CAPÍTULO 4

APRENDA MAIS SOBRE DEFICIÊNCIA

A deficiência é parte importante da humanidade — não há modo padrão pelo qual seres humanos se movem, compreendem, se comunicam, processam informações ou existem. Seguindo a orientação dos diversos pesquisadores sobre a deficiência citados neste capítulo[*], eu uso os termo *pessoa com deficiência* e *deficiência* neste livro, embora não haja consenso em como discutir ou definir a deficiência. Pessoas com deficiência não são um monólito, e há grande diversidade em como a deficiência é discutida dentro e fora dessa comunidade. Para aprendermos mais sobre a deficiência, enfatizaremos

---

[*] Os termos usados na tradução também foram embasados nos trabalhos de pesquisadores da área. [N. da T.]

abordagens de pensadores e estudiosos interseccionais com deficiência. Em *Demystifying Disability* [Desmistificando a deficiência, em tradução livre], de Emily Ladau, a estudiosa e crítica de deficiência e raça Imani Barbarin define a deficiência como "uma experiência holística, que por isso deve ter uma definição holística. Deficiência não é só um diagnóstico físico, mas uma vivência na qual parâmetros e barreiras são colocados em nossa vida devido a esse diagnóstico." A ativista e palestrante Rebecca Cokley define a deficiência como uma "lente que cruza todas as comunidades e foca as implicações para a saúde e a criatividade infinita de uma população sujeita ao capacitismo". O *capacitismo* é a discriminação estrutural e interpessoal contra pessoas com deficiência. Quando definida dessa maneira, a deficiência pode ser entendida não apenas como uma relação com as condições de opressão capacitista, mas também como uma vivência que envolve sobreviver nesse sistema opressivo. Em instituições como o governo dos Estados Unidos, a definição de deficiência é bem menos descritiva. Sendo assim, é importante que essas definições institucionais não ofusquem as formas pelas quais as pessoas com deficiência se autodefinem. De acordo com o Centro de Controle e Prevenção de Doenças (em inglês, Center for Disease Control and Prevention, CDC), deficiência é "qualquer condição física ou mental (incapacidade) que dificulte que a pessoa nessa condição realize certas atividades (limitação de atividade) e interaja com o mundo à sua volta (restrições participativas)." A definição do CDC não considera as formas pelas quais pessoas com deficiência sofrem restrição não apenas por sua condição, mas pela sociedade capacitista, que não é pensada para acomodar a realidade de todos — em vez disso, tal sociedade acomoda apenas pessoas sem deficiência.

Aprender mais sobre deficiência e acessibilidade exige que entendamos que pessoas sem deficiência já estão acomodadas na estrutura opressiva do capacitismo. Essas pessoas são as que se movem, se comunicam, processam informações e existem de maneiras que a sociedade encara como aceitáveis ou até padrão. Pessoas sem deficiência não são mais merecedoras de respeito, vida ou humanidade do que as com deficiência, mas o capacitismo tenta ditar o contrário. Por exemplo, sociedades capacitistas constroem escadas em lugares nos quais rampas teriam a mesma utilidade, pois a negligência capacitista não é capaz de considerar o fato de que só algumas pessoas podem usar escadas. Rampas, por outro lado, permitem que pessoas com diversas formas de mobilidade acessem áreas que estão acima ou abaixo da estrutura. Pessoas que andam podem usar a rampa, e as que usam cadeiras de rodas, muletas ou veículos motorizados também. Não ser capaz de subir escadas não é uma falha daqueles com deficiência — a onipresença de escadas é uma falha da sociedade capacitista. Outro exemplo disso é o modo como pessoas com deficiências de fala são marginalizadas por nossa sociedade, que prioriza a comunicação oral. Falar não é a única ou melhor forma de se comunicar, mas o capacitismo determina que aqueles com deficiência de fala são "incapazes" em vez de simplesmente entender que há inúmeras maneiras com as quais seres humanos podem se comunicar além de verbalmente. O termo em inglês *dumb* vem das palavras holandesa e alemã para "estúpido" e já foi usado para referenciar pessoas com deficiência de fala. Embora essa utilização hoje seja considerada arcaica, a palavra ainda é usada de forma derrogativa para insultar a inteligência de alguém, um legado nocivo da linguagem capacitista. A inteligência, ou habilidade de adquirir e aplicar conhecimentos e habilidades, não pode ser medida sob critérios de avaliação capacitistas. Ao aprender mais sobre a deficiência, examinaremos como o capacitismo continuamente desumaniza pessoas com deficiência, assim como formas de o identificarmos e combatermos.

MODELOS DE DEFICIÊNCIA

Há três principais entendimentos, também chamados modelos, para aprender e falar sobre deficiência: o *modelo médico*, o *modelo de reabilitação* e o *modelo social*. Para aprender mais sobre deficiência e capacitismo, começaremos com uma visão geral de cada modelo, e então exploraremos as críticas contra eles para contextualizar e avaliar nosso entendimento sobre deficiência e capacitismo.

Como o nome indica, o *modelo médico* da deficiência enfatiza o papel do campo médico no entendimento da deficiência. O modelo médico a entende sobretudo como algo para diagnosticar e tratar, ou "curar". O diagnóstico (processo de identificar os sintomas de uma doença, deficiência ou condição) e o tratamento podem ser úteis para acomodar e aliviar os desafios que acompanham algumas deficiências. Por exemplo, quando eu tinha 8 anos, fiz o Teste de Variáveis de Atenção (TOVA, sigla em inglês) para constatar que tinha o transtorno do déficit de atenção com hiperatividade (TDAH). Com esse diagnóstico médico, pude receber acomodações e tratamento por meio de terapia e medicação. Infelizmente, há muitas barreiras para a avaliação, o diagnóstico e o tratamento adequado, como renda, disponibilidade, racismo, sexismo e capacitismo. O *gatekeeping*, ou controle de acesso da comunidade de pessoas com deficiência com base em se um indivíduo tem ou não diagnóstico médico, é profundamente classicista e problemático, pois o acesso à assistência médica pode ser caro e difícil. Quando diagnósticos e/ou tratamentos estão disponíveis, o modelo médico da deficiência pode ser muito útil como um caminho a seguir. No entanto, o modelo não é livre de falhas. Keah Brown, pesquisadora e atriz com deficiência que escreveu o livro *The Pretty One* [A Bonita, em tradução livre], resume o modelo médico desta forma: "No modelo médico da deficiência está inerente a ideia de que pessoas com deficiência precisam ser consertadas ou de que estamos danificadas. Não estamos danificadas." A implicação de que aqueles com deficiência precisam ser "curados" ou "consertados" é perigosa e desumanizadora.

A eugenia é a ideologia violenta segundo a qual há "genes bons" e "genes ruins" na espécie humana, com os "genes ruins" devendo ser erradicados. A remoção dos "genes ruins" é feita por meio da esterilização forçada ou coagida ou por outros métodos para evitar que pessoas com deficiência se reproduzam. A eugenia positiva propõe que pessoas com "genes bons" devem se reproduzir, enquanto a eugenia negativa defende a esterilização daquelas com "genes ruins", porém toda a ideologia eugenista é anticientífica, supremacista e danosa. Essa ideologia, infelizmente, ainda prevalece, e durante a história foi usada contra pessoas com deficiência, racializadas, LGBTQ+, judias e romani. Quando a medicina (ou qualquer outra coisa) é usada para atingir, desumanizar, agredir ou erradicar comunidades, ela deve ser denunciada. Em casos nos quais o modelo médico considera a natureza histórica e atual dos sistemas de opressão, ele pode ser um método valioso e útil para entendermos a deficiência. Avanços tecnológicos como próteses, implantes cocleares e testes como o que fiz para descobrir que tinha TDAH são exemplos de usos úteis e apropriados do modelo médico da deficiência.

O *modelo de reabilitação* (ou *modelo individual*) põe nos indivíduos com deficiência a responsabilidade de lidar com os desafios que podem acompanhar uma deficiência. Esse entendimento pode enfatizar positivamente a autonomia e a agência de pessoas com deficiência, que comumente são infantilizadas até quando adultas. No entanto, esse modelo não é todo positivo. Nos Estados Unidos, o individualismo é parte central da identidade nacional, e a noção de "se virar sozinho" sugere que indivíduos, por si sós, podem "superar" dificuldades por meio de disciplina, sacrifício e carisma. Ferramentas como diálogos internos positivos e disciplina geralmente são boas técnicas para aprender, mas usá-las não basta para nos livrar de realidades como a opressão capacitista. O modelo de reabilitação costuma ser usado para comparar pessoas com deficiência. Uma pessoa com deficiência que não precise de muito auxílio na escola e tenha acesso à assistência médica, por exemplo, pode ser apresentada como "prova" de que outras pessoas com deficiência (que podem ter menos acesso e/ou mais necessidade de auxílio) podem "chegar lá" se tentarem o suficiente. O físico e figura pública com deficiência Stephen Hawking costuma ser usado para apoiar essa narrativa. Porém, colocar um ou vários membros contra o resto da comunidade de pessoas com deficiência é algo opressivo que deve ser desaprendido ou evitado. O modelo de reabilitação da deficiência é problemático pois ignora que todos existimos no contexto de instituições e sistemas de opressão superiores.

O *modelo social* afirma que pessoas com deficiência não são incapacitadas por seus corpos ou por diagnósticos médicos, mas por ideologias capacitistas e por construções literais e sociais na sociedade. Esse modelo, diferente dos demais, foi criado por estudiosos com deficiência. Em vez de abraçar a ideia capacitista de que aqueles com deficiência simplesmente "não se encaixam" na sociedade, o modelo social da deficiência clarifica o fato de que na verdade é nossa sociedade capacitista que cria e mantém um mundo cheio de obstáculos que isolam as pessoas com deficiência. Sistemas e estruturas sociais são construídos — literal e figurativamente — para acomodar pessoas sem deficiência (que são incluídas e recebem acesso) e excluir aquelas com deficiência (que são excluídas e têm acesso negado). Por exemplo, se não há entrada acessível a cadeiras de rodas em um local, os modelos médico e de reabilitação identificam incorretamente o indivíduo usuário da cadeira de rodas como o problema, enquanto o modelo social entende que o problema é a falta de uma rampa, um elevador ou outra entrada acessível para a cadeira de rodas no local. Colocar nos indivíduos a responsabilidade de resolver as estruturas sociais que os excluem é algo opressivo e, quando é feito com pessoas com deficiência, é capacitista. Em termos de deficiências cognitivas, o capacitismo culpa alunos com TDAH, por exemplo, por serem incapazes de ficar parados em sala de aula ou manterem o foco por longos períodos (uma crítica que eu ouvia muito quando pequena), enquanto uma abordagem anticapacitista (orientada pelo modelo social) entende que o problema na verdade é as escolas serem pensadas sobretudo para beneficiar aqueles capazes de manter o foco ou ficarem sentados por longos períodos (de forma considerada socialmente aceitável ou neurotípica). À medida que pessoas neurodivergentes ou com deficiência forem mudando esses entendimentos por meio de escolaridade, ativismo e políticas, instituições como escolas precisarão acomodar alunos não importando como aprendem ou demonstram tal aprendizado. Embora proteções jurídicas como a *Americans with Disabilities Act* (Lei dos americanos com deficiência) exijam que tais acomodações sejam feitas, não podemos evoluir de uma sociedade profundamente capacitista para uma anticapacitista apenas com leis e políticas. Devemos aprender mais sobre como entendemos a deficiência e reconhecer que a humanidade e o valor das pessoas com deficiência são inerentes, não conquistados.

Mesmo ao expandirmos nosso entendimento sobre deficiência para focar as vivências e realidades das pessoas com deficiência, devemos ser conscientes para não participar de outras formas de opressão simultaneamente. A interseccionalidade, ou a estrutura articulada pela Dra. Kimberlé Crenshaw, enfatiza que pessoas têm muitas identidades sobrepostas, que são impactadas por estruturas de opressão ao mesmo tempo. A interseccionalidade deve ser aplicada a qualquer entendimento sobre deficiência. Por exemplo, isso significaria não participar da supremacia branca concentrando a atenção apenas em pessoas *brancas* com deficiência. A ativista da deficiência Vilissa Thompson criou a hashtag #DisabilityTooWhite (#DeficiênciaTãoBranca) para nomear e chamar atenção para o fato de que pessoas racializadas com deficiência são apagadas, pois o capacitismo ocorre ao mesmo tempo que outros sistemas de opressão, como o racismo. Pessoas racializadas com deficiência são apagadas em representações, estudos, pesquisas e ferramentas de avaliação relacionadas à deficiência. Uma consequência disso é que pessoas racializadas são subdiagnosticadas ou recebem diagnósticos errados em proporções que não são totalmente conhecidas graças às enormes lacunas em pesquisa e acesso. Uma pesquisa de 2009 publicada no *American Journal of Public Health* constatou que "existem disparidades raciais/étnicas significativas no reconhecimento do Transtorno do Espectro Autista". Isso perpetua a noção racista de que pessoas racializadas têm a fisiologia diferente da de pessoas brancas quando na verdade todos os povos têm taxas similares de deficiência. Tal apagamento racializado é resultante do eurocolonialismo, sobre o qual aprenderemos mais no próximo capítulo.

Outros entendimentos capacitistas sobre a deficiência incluem o *modelo econômico*, que observa quanto dinheiro uma pessoa pode ganhar, quanto trabalho ela pode fazer ou quão produtiva ela é. Isso é classicista, pois tenta equiparar o valor humano com a produtividade econômica. Descrever alguém como tendo "alta" ou "baixa" funcionalidade é outro aspecto problemático do modelo econômico de deficiência. Funcionalidade e produtividade são termos relativos, e nenhum ser humano precisa ser ou é produtivo o tempo todo. O que constitui a produtividade é diferente para pessoas diferentes e, mais importante, nosso valor como seres humanos não é definido por nosso trabalho, dinheiro ou produtividade. Todos merecem respeito por natureza, não importa o que ou se produzem.

Por fim, o *modelo caritativo* ou *trágico* da deficiência a trata como algo trágico, ou que naturalmente envolve perda. O modelo caritativo costuma priorizar pessoas que adquiriram a deficiência ao longo da vida em detrimento das que nasceram com ela, algo fundamentalmente capacitista. Aprender mais sobre o capacitismo significa desaprender o impulso de fazer suposições sobre as vidas dos outros. Ninguém tem direito de saber o diagnóstico, o prognóstico ou a origem da deficiência de alguém. Por meio do modelo trágico, pessoas com deficiência são tratadas como motivo de pena, não por empatia genuína, mas muitas vezes por capacitismo internalizado. Nesse contexto, pessoas com deficiência são aclamadas como inspiradoras por "superarem" suas deficiências. Como disse Imani Barbarin, "Eu não supero minha deficiência, supero as suposições capacitistas." Quer tenhamos ou não intencionalmente internalizado o capacitismo, é nossa responsabilidade melhorar e desaprender esses preconceitos e atitudes opressivas ao nos informarmos mais. Deficiência não é sinônimo de morte, perda ou desespero — é uma experiência multifacetada que não pode e não deve ser reduzida a algo singular.

FALANDO SOBRE DEFICIÊNCIA

Não há uma única maneira certa de falar sobre deficiência. O uso da linguagem varia muito dentro da comunidade de pessoas com deficiência e pode depender de contextos atuais, históricos, pessoais e circunstanciais. Dito isso, há alguns "pode" e "não pode" gerais quando o assunto é descrever deficiências e pessoas com deficiência. O mais importante a saber é que pessoas com deficiência têm o direito de tomar as próprias decisões sobre como se autoidentificam e se autodescrevem. É fundamental respeitar e afirmar os modos pelos quais as pessoas se descrevem, mesmo quando são diferentes de como você escolhe descrever a si ou a sua deficiência.

Há duas maneiras principais de se referir à deficiência: a *linguagem person-first* (pessoa em primeiro lugar, PFL, sigla em inglês) e a *linguagem identity-first* (identidade em primeiro lugar, IFL, sigla em inglês). Nenhuma dessas opções é errada por natureza. Assim como com as muitas formas de descrever a nós mesmos e aos outros, o uso pode variar entre e através de diferentes comunidades. (Neste livro, alterno entre PFL e IFL** dependendo do contexto e do que é mais respeitoso). A linguagem *person-first* literalmente centraliza a pessoa antes da deficiência, como em "pessoa com deficiência" ou "pessoa

---

** Em inglês, a linguagem PFL coloca literalmente a pessoa primeiro: "PERSON with disability" (pessoa com deficiência), e a linguagem IFL coloca a deficiência primeiro, "DISABLED person" ("deficiente pessoa", em uma tradução ao pé da letra). Diferentemente da autora, porém, neste livro só usamos o termo "deficiente" da IFL nesta seção, pois no contexto brasileiro, "pessoa com deficiência" é a forma considerada respeitosa. Termos da IFL como "surdo" e "cego", porém, são aceitos e foram usados nesta tradução. [N. da T.]

com asma". Defensores da PFL buscam enfatizar a pessoalidade ou a humanidade dos deficientes perante o estado de sua deficiência. Por outro lado, muitas pessoas consideram a deficiência como parte íntima do que constitui sua identidade pessoal, então não sentem que a intenção da PFL é necessária, pois a deficiência não nega ou deduz nada de sua pessoalidade ou humanidade — o capacitismo o faz. Aprender mais sobre a deficiência significa refletir sobre se nossa inclinação para a PFL ou a IFL tem como base o respeito pelos outros ou o alívio de nossos preconceitos capacitistas. A linguagem *identity-first*, por outro lado, põe a deficiência como centro da identidade dando destaque a ela, como em "a deficiente" ou "o autista". Aqueles que defendem a IFL muitas vezes a escolhem pois ela enfoca sua identidade como deficientes e os conecta à comunidade e à cultura de pessoas com deficiência como um todo. No entanto, dependendo da deficiência sendo descrita, a IFL pode nem sempre ser apropriada ou fazer sentido — por exemplo, você não deve chamar uma pessoa de "uma síndrome de Down" ou "um nanismo". Em vez disso, nesses exemplos, "pessoa com síndrome de Down" ou "pessoa com nanismo" são as formas corretas e respeitosas de falar sobre essas deficiências.

Parte da luta contra o capacitismo é reconhecer que pessoas com deficiência não são monólitos e que não há uma abordagem uniforme à linguagem usada para descrever a deficiência. Não há problema nisso. Quando possível e apropriado, certifique-se de perguntar à pessoa que você está descrevendo qual terminologia ela considera respeitosa ("Como você se descreve?"). Se você tem deficiência, comunicar e informar às pessoas o que você prefere ("Uso a linguagem focada na identidade, então pode dizer que sou 'deficiente'") e corrigi-las quando necessário é algo apropriado e útil, mas depende do seu nível de conforto. Se em alguma situação tiver dúvidas sobre a terminologia específica e correta a ser usada para mencionar uma comunidade, reflita sobre por que você está descrevendo essa comunidade se não tem conexão com ela nem está conversando com ela. Além disso, certifique-se de que não está se apoiando em entendimentos prévios sobre qual linguagem seria apropriada. Dedique tempo à pesquisa, busque fontes criadas pela comunidade ou colaborativas e encontre organizações lideradas pela comunidade e focadas nela, e então veja que linguagem usam. Para saber se uma organização é uma fonte confiável, é importante identificar se ela reflete dada comunidade observando sua liderança, seu financiamento e como ela é recebida dentro da comunidade.

Além da PFL e da IFL, há outras considerações a fazer quando falamos de deficiência. Eufemismos como "necessidades especiais", "capacidades diferentes", "incapacitada" e "inválido" são termos criados por pessoas sem deficiência e deveriam ser evitados. De acordo com Rebecca Cokley, usar eufemismos em vez de linguagem correta e específica perpetua o capacitismo. Por exemplo, a frase "necessidades especiais" não é juridicamente definida ou vinculante na legislação, e sua aplicação pode ser infantilizadora quando usada em relação a adultos, pois a linguagem de "necessidades" geralmente se aplica a crianças. Essa frase também enfoca a linguagem em serviços e acomodações e não as pessoas e comunidades em si. Isso não apenas cria uma hierarquia capacitista entre aqueles com "necessidades básicas" e os com "necessidades especiais", como também ignora o fato de que *todos* temos necessidades. Na verdade, em vez de se beneficiarem com "tratamento especial", pessoas com deficiência mais frequentemente são forçadas a navegar e sobreviver em um mundo que se recusa a respeitar sua humanidade ou ao menos considerar suas necessidades. Então, em vez de dizer "necessidades especiais", diga "acomodações", pois todos precisamos de certas acomodações para sobreviver e prosperar em diversos contextos. (Observe que se alguém prefere o termo "necessidades especiais" para se descrever, isso deve ser respeitado e não ignorado.) "Incapacitado" é outro termo que costuma ser considerado desrespeitoso na comunidade de pessoas com deficiência (a palavra correspondente em inglês, "*handicapped*", tem origem no esporte e na corrida de cavalos, e nunca deve ser usada para descrever pessoas). Em vez de usar esse termo para descrever coisas como entradas, vagas de estacionamento ou banheiros, a melhor palavra a usar é "acessível". De forma similar, não é apropriado descrever alguém como tendo "alta" ou "baixa" capacidade, e *nunca* é aceitável uma pessoa sem deficiência usar termos capacitistas pejorativos.

TIPOS DE DEFICIÊNCIA

Para oferecer a melhor visão geral possível sobre os diferentes tipos de deficiência, trabalhei com as estudiosas Keah Brown, Imani Barbarin e Rebecca Cokley, todas pessoas com deficiência, para explorar a deficiência pelas categorias de mobilidade, audição, visão, comunicação, desenvolvimento, cognição, doenças crônicas, condições neurológicas, psiquiátricas e uso ou dependência de substâncias. Essas categorias não são limitantes, nem mutualmente exclusivas. Uma pessoa pode ter tanto deficiência auditiva quanto de mobilidade, e as duas podem ou não estar conectadas. Não há apenas uma forma de ser uma pessoa com deficiência, então não deveríamos esperar ser capazes de definir e medir todas essas pessoas de forma conclusiva. Está tudo bem. Só quem que pode definir a deficiência de uma pessoa é a própria.

Nem todas as deficiências são observáveis ou externamente aparentes — por exemplo, você pode não ser capaz de saber que alguém tem dores crônicas ou uma deficiência psiquiátrica —, mas elas continuam sendo deficiências, e geralmente não é da nossa conta definir se são ou não. Não é responsabilidade dos outros satisfazer nossas suposições e curiosidades; em vez disso, é nosso dever romper e examinar nossas suposições e nos informarmos. Alguns dos assuntos descritos nas próximas páginas podem nem sempre ser discutidos sob o termo guarda-chuva da "deficiência", mas são considerados deficiências por entendimentos emergentes e/ou por muitas pessoas que os vivenciam. Além disso, só porque uma pessoa tem algumas características associadas a dada deficiência, isso não significa necessariamente que ela se autoidentifique como pessoa com deficiência, e está tudo bem.

LEIA ISSO E APRENDA

TERMINOLOGIA DA DEFICIÊNCIA

NOME	DESCRIÇÃO	INFORMAÇÕES ADICIONAIS
Autismo ou transtorno do espectro autista	O autismo é um tipo de *neurodiversidade*, ou diferenciação nos processos cognitivos, neurológicos ou de desenvolvimento, que pode ser entendido como formas diferentes de se comunicar, entender, ser, pensar e socializar. Não há apenas uma forma de ser autista.	O autismo não deve ser entendido pelo binário de "alta" e "baixa" capacidade. Em vez disso, os termos "alta ou baixa necessidade de apoio" devem ser usados para descrever as necessidades de apoio de alguém em vários contextos.
Doenças crônicas	Doenças crônicas em si nem sempre são definidas como deficiência, mas podem envolver fatores que atinjam a saúde física ou mental. Chama-se crônica qualquer doença que dure mais de três meses ou um ano, dependendo das definições.	É possível ter doença crônica e ser saudável. Saúde não é a ausência de doença. Eufemismos como "condição subjacente" ou "pré-existente" muitas vezes são usados para descrever doenças crônicas, mas nem sempre são corretos e carregam estigma.
Deficiência cognitiva	Deficiências que envolvem ou estão relacionadas às funções cognitivas de processar, relembrar, comunicar e aplicar informações. Podem incluir diagnósticos como TDAH, dislexia (dificuldade para ler) e discalculia (dificuldade com números).	Os termos "deficiência intelectual" e "de aprendizagem" estão sendo descontinuados, pois sugerem que a inteligência de alguém (ou sua capacidade de adquirir e aplicar conhecimentos e habilidades) deve ser definida pelos modos limitados pelos quais a sociedade avalia funções cognitivas.

APRENDA MAIS SOBRE DEFICIÊNCIA   87

Deficiência de desenvolvimento	Deficiências relacionadas ao desenvolvimento de um indivíduo. Essa é uma categoria muito ampla e pode estar relacionada a qualquer desenvolvimento mental e/ou físico.	Não há um único modo "normal" pelo qual humanos se desenvolvem, mas a sociedade capacitista foi concebida para acomodar apenas pessoas sem deficiência.
Deficiência auditiva	Deficiências relacionadas à audição ou à percepção de informações pelos ouvidos. Pessoas com deficiência auditiva podem ser descritas como surdas ou com perda auditiva. Elas podem usar dispositivos como o aparelho auditivo ou os implantes cocleares, e algumas usam linguagem de sinais ou fazem leitura labial. (Porém, não se deve presumir que todas as pessoas com deficiência auditiva usam linguagem de sinais.)	Pessoas sem deficiência auditiva são conhecidas como "ouvintes". Sempre use um microfone ao falar com um grupo grande, e não presuma que todos estão ouvindo. Ferramentas como legendas e intérpretes de linguagem de sinais também ajudam e devem ser oferecidas. A discriminação contra pessoas com deficiência auditiva é chamada de *ouvintismo*.
Mobilidade reduzida	Deficiências relacionadas a movimento ou mobilidade. Pessoas com mobilidade reduzida podem fazer uso de dispositivos como cadeiras de rodas, andadores ou muletas.	Use terminologia como "usuário de cadeira de rodas" em vez de "cadeirante". Lembre-se de que há pessoas que são usuárias ambulatoriais de cadeira de rodas, ou seja, que as usam e que podem andar.
Deficiência neurológica	Deficiências relacionadas aos nervos e ao sistema nervoso, como cérebro e coluna. Deficiências neurológicas podem incluir epilepsia, esclerose múltipla e doença de Parkinson.	Deficiências neurológicas podem ser congênitas ou adquiridas. É importante não fazer suposições sobre se a deficiência neurológica de uma pessoa é de um tipo ou do outro.

CONTINUA

LEIA ISSO E APRENDA

CONTINUAÇÃO

Deficiência psiquiátrica	Deficiências relacionadas à saúde mental, incluindo mas não limitadas à percepção, ao humor e ao comportamento. Podem resultar de eventos da vida, eventos traumáticos e/ou fatores ambientais, ou podem resultar da ocorrência natural de desequilíbrios químicos. Exemplos incluem o transtorno bipolar, a ansiedade e a depressão.	A deficiência psiquiátrica às vezes é descrita como "doença mental". O termo é errôneo, pois doença sugere algo a ser curado em vez de a realidade de que a química cerebral humana é variada e deve ser acomodada. Evite usar deficiências psiquiátricas de maneira leviana para descrever estados emocionais, como em "Eu estou com TOC." Isso é degradante e contribui para o estigma.
Deficiência visual	Deficiências relacionadas à visão ou à percepção de informações pelos olhos. Pessoas com deficiência visual costumam ser chamadas de cegas, legalmente cegas ou com baixa visão, e deficiências visuais são um espectro, não algo binário. Pessoas legalmente reconhecidas como cegas podem ser capazes de ver formas, luzes e cores.	Ferramentas para acomodar deficiências visuais incluem óculos, cães-guia, braille e linguagem descritiva para contextualizar informações visuais.
Transtornos/dependência do uso de substâncias	Deficiência que pode estar relacionada a muitos fatores diferentes, mas que envolve o uso desregrado de substâncias como comida, álcool ou substâncias químicas. Graças a conotações e estigmas legais, culturais, religiosos e morais nocivos, a dependência raramente é reconhecida como uma condição ou deficiência, porém pesquisas demonstraram conclusivamente que deveria ser.	A dependência não é uma falha de caráter ou de força de vontade. Transtornos de uso de substâncias podem estar conectados a deficiências psiquiátricas, mas nem sempre. É importante não fazer julgamentos de valor sobre quais dependências são mais "aceitáveis", pois isso cria barreiras capacitistas.

CAPACITISMO

O *capacitismo* é a priorização sistemática de pessoas sem deficiência em detrimento das com deficiência e a resultante marginalização destas. É um tipo de supremacismo (uma crença incorreta de que certas pessoas são superiores a outras) que trata pessoas que têm (ou aparentam ter) deficiência como inferiores a pessoas que não têm (ou não aparentam ter) deficiência. O capacitismo também descreve crenças internalizadas que pessoas com e sem deficiência têm sobre as com deficiência, assim como crenças internalizadas que temos sobre nós mesmos. O capacitismo ensina pessoas sem deficiência a basearem seu senso de identidade no fato de não terem deficiência, algo que é inerentemente temporário. Esse sistema de opressão é reforçado pela mídia, por políticas e por contextos interpessoais e institucionais. Pessoas sem deficiência muitas vezes participam do capacitismo expressando ter pena de pessoas com deficiência, não por empatia genuína pelo capacitismo que a pessoa pode estar sofrendo, mas por medo de elas mesmas terem um dia deficiência e vivenciarem o capacitismo. Em vez de ver a deficiência como um problema social (o que é capacitista), seríamos mais beneficiados se entendêssemos o capacitismo como o problema que precisa ser corrigido.

Quando a deficiência é definida em termos de produtividade ou níveis de "capacidade", a ênfase é colocada no que a pessoa com deficiência "contribui" para a sociedade ou economia. No entanto, pessoas não precisam ser produtivas ou ter "alta" funcionalidade para merecerem respeito e dignidade. Essas coisas são inerentes à nossa humanidade. O capacitismo define pessoas com deficiência como menos merecedoras por aparentarem "contribuir menos", mas ao mesmo tempo restringe as formas pelas quais essas pessoas poderiam participar da sociedade. De acordo com a Secretaria de Estatísticas Trabalhistas dos Estados Unidos em 2020, "em todas as faixas etárias, pessoas com deficiência têm muito menos chances de serem contratadas do que as sem deficiência", e o mesmo vale para "todos os níveis de escolaridade". As oportunidades disponibilizadas a pessoas com deficiência são reflexo do capacitismo, e não de limitações dessas pessoas.

LEIA ISSO E APRENDA

O capacitismo é tão difundido em sociedades eurocoloniais que está até entranhado em nossas linguagens, com muitos termos, ditados e frases capacitistas tendo uso popular constante. Por exemplo, palavras como "doido" há muito tempo vêm sendo usadas para estigmatizar pessoas com deficiências psiquiátricas, enquanto termos como "débil mental" e "idiota" foram historicamente usados como diagnósticos médicos pseudocientíficos para pessoas com deficiências cognitivas e de desenvolvimento. De forma similar, deficiências muitas vezes são apropriadas negativamente em figuras de linguagem, como em "estar cego para" ou "se fazer de surda". Muitas pessoas não pensam nisso ao usar tais termos em conversas casuais, mas o fato de que essas palavras e frases são capacitistas deve ser reconhecido e seu uso deve ser descontinuado, pois a linguagem capacitista contribui para o preconceito e a agressão. Ao examinar e desafiar a linguagem capacitista que você talvez utilize, tenha em mente que há muitas outras formas de descrever coisas que não envolvem ofender outras pessoas. Talvez usemos essa linguagem sem estarmos conscientes de que ela é nociva, mas ao aprendermos mais sobre isso, é nossa responsabilidade sermos melhores.

LINGUAGEM CAPACITISTA

O QUE NÃO DIZER	O QUE DIZER EM VEZ DISSO	POR QUÊ
"sofre de", "é vítima de"	"uma pessoa com", "a pessoa que tem"	Adjetivar a deficiência com linguagem estigmatizante é algo grosseiro e inadequado.
"débil mental", "idiota", "estúpida", "burro" "imbecil", a palavra que começa com R	Nada; não insulte as pessoas com base em sua inteligência ou senso comum aparente ou real.	Há um doloroso histórico de termos como esses serem usados para diagnosticar pessoas com deficiência cognitiva ou de desenvolvimento.

"racismo daltônico"	"negligência racista"	Pessoas que não enxergam determinadas cores podem vivenciar ou participar do racismo. Evite o capacitismo dizendo de forma específica o que quer dizer quando alguém diz que "não vê cores".
"louca", "lunático", "insano", "psicótica"	"apaixonada", "bizarro", "imprevisível"	Esses termos foram usados para estigmatizar deficiências psiquiátricas, e usá-los contribui para o estigma atual.
"não se enxerga"	"desrespeitosa", "prepotente", "cheio de si"	Em vez de usar a cegueira em um contexto negativo, fale sobre comportamentos adequados ou não sem envolver deficiências.
"incapaz de ver", "estar cego para", "se fazer de surda"	"ignorar", "desconsiderar"	Pessoas cegas e surdas não o são intencionalmente. Não use deficiências em eufemismos que fazem parecer que sim.

QUESTÕES PARA REFLETIR

- Como o capacitismo impactou a sua vida? Que exemplos dele você vê na mídia?

- Você usa a linguagem capacitista listada na página 92? Se sim, como pretende trabalhar isso?

- Todos se beneficiam da acessibilidade, tendo ou não uma deficiência. Pense em alguns exemplos de ferramentas ou acomodações que você utiliza em sua vida.

- Onde você aprendeu sobre a deficiência pela primeira vez? Essa aprendizagem mudou ao decorrer da vida? Como e por quê?

- Que modelos de entendimento da deficiência fazem sentido para você? Por quê?

CAPÍTULO 5

APRENDA MAIS SOBRE RAÇA E RACISMO

Como pessoa negra, muitas vezes ouvi a pergunta "Por que você precisa envolver raça no assunto?" Essa pergunta geralmente me faz rir, pois eu lido com a frustração por meio do humor, mas também me faz refletir sobre a realidade de que raça é uma parte gigantesca da minha vida como negra nos Estados Unidos. Eu não envolvo a raça nos assuntos; eu fui envolvida na raça. Seres humanos existem há 200 mil anos, mas "raça" existe apenas a cerca de 600. Raça não é um fato biológico, nem mesmo algo que humanos descobriram e *então* exploraram para oprimir os outros. A raça foi *inventada* e *implementada* especificamente com o propósito de oprimir. Neste capítulo, aprenderemos sobre a invenção e a implementação da raça e as consequências que se seguiram.

O teórico de política e raça Dr. Utz McKnight explica que raça não é o que descreve a diferença humana, mas o que os humanos usam para criar a possibilidade de diferença. O racismo usa a raça para criar diferença e depois significa e classifica seres humanos como superiores ou inferiores com base nessas diferenças. Como explicado pela Dra. Dorothy Roberts, aclamada estudiosa de raça, gênero e legislação, "Raça não é uma categoria biológica com carga política. É uma categoria política disfarçada de biológica." Raça não é um fato biológico ou genético, mas por seu impacto em todos os elementos da sociedade, é um aspecto muito real da vida sobre o qual devemos examinar e aprender mais.

Raça e racismo permeiam cada canto da sociedade tocado pela colonização europeia. Neste capítulo, exploraremos como são internalizados por nós (racismo intrapessoal), afetam nossas interações (racismo interpessoal) e impactam as infraestruturas superiores que controlam a sociedade (racismo institucional). Nos Estados Unidos, por exemplo, raça e racismo existem para servir e manter a supremacia branca. Ao aprendermos mais sobre raça e racismo, devemos nos preparar para desaprender e reaprender muito.

RAÇA

Raça é uma divisão hierárquica ativa de seres humanos que serve para criar e perpetuar estruturas sociais racializadas e racistas. *Hierárquico* significa dividido em diferentes níveis de classificação que recebem valores diferentes. A *racialização* é a categorização ou a divisão de pessoas de acordo com a raça. Em todo este livro eu uso a frase "pessoas racializadas" para descrever todas as pessoas categorizadas de acordo com a raça. E é importante destacar que

APRENDA MAIS SOBRE RAÇA E RACISMO 95

nomeio especificamente a branquitude, pois "branco" é uma posição de poder frequentemente implícita criada pela racialização e que deve ser identificada de acordo. (Aprenderemos mais sobre essa questão neste capítulo também.)

O racismo é um sistema eurocolonial que dita como devemos existir, nos comportar, interagir, regular e organizar a nós mesmos e aos outros. Definições amplamente aceitas de raça, como as encontradas em dicionários, muitas vezes a descrevem de forma incorreta, como "grandes agrupamentos nos quais a humanidade está dividida com base em características físicas ou ancestralidade em comum". Essa definição é falsa, e a afirmação de que a raça é baseada em características físicas ou ancestralidade em comum é uma mentira racista. Em 2019, a *American Association of Physical Anthropologists* (Associação Americana de Antropólogos Físicos) afirmou que "raça não é uma representação precisa da variação biológica humana". Isso quer dizer que, embora variações ou diferenças biológicas humanas, como nossas feições, texturas capilares, cores de pele e outras realmente existam, elas não são o que constitui raça. Pesquisas científicas determinaram de modo conclusivo que a "raça" não é genética nem biológica, nem um fenômeno que ocorre naturalmente. Raça é uma invenção humana, e para aprender mais sobre ela, devemos defini-la no contexto das dinâmicas de poder que ela cria.

Outra forma de dizer que a raça é uma invenção humana é dizer que é uma *construção social*. Construções ou construtos sociais são os modos pelos quais os seres humanos organizam a sociedade para apoiar suas suposições sobre a humanidade. Em termos de raça, essas suposições incluem dois elementos básicos descritos pelo historiador e antropólogo Patrick Wolfe: (1) "a diferença não é neutra: variar é ter defeitos" e (2) a raça "liga características físicas a cognitivas, culturais e morais". Essas suposições não têm como base evidências ou a realidade. Em vez disso, os modos como definimos a realidade foram construídos para reforçar mentiras racistas. A forma como humanos perpetuam, mantêm e recriam construções sociais ao longo do tempo se chama *reprodução social*. Várias coisas que são muito aceitas como fatos na sociedade são construções reproduzidas. Por exemplo, o calendário é uma construção. Na maior parte do mundo, o tempo é contado pelo calendário gregoriano, que divide o ano em 365 dias, 12 meses e uma semana de sete dias. Embora possa parecer que essa é a única forma de dividir o tempo e o modo como sempre foi feito, na verdade esse calendário só vem sendo usado desde 1582. Antes do calendário gregoriano, sociedades diferentes usavam contagens de tempo diferentes, mas à medida que o comércio aumentou e a colonização surgiu, estabelecer um sistema padrão para contar o tempo se tornou necessário. Esse calendário foi socialmente reproduzido em escalas cada vez maiores desde seu estabelecimento. Como a Igreja Católica é uma grande instituição religiosa, política e econômica, o Papa Gregório XIII (cujo nome foi dado ao calendário) pôde emitir uma bula papal (ou decreto oficial) como meio para estabelecer essa construção.

Diferente do calendário gregoriano, que nos ajuda a medir a passagem do tempo, a construção da raça foi feita para categorizar pessoas e justificar a desumanização necessária para a colonização europeia. De acordo com o antropólogo biológico, sociólogo, geneticista evolucionário e pensador crítico sobre raça Dr. Shay-Akil McLean, "Raça (e racismo) foi algo criado por colonizadores europeus para se apropriarem de terras, de trabalho e para adquirirem controle dos meios de produção." Seguindo o declínio do feudalismo europeu no século XIV, a economia europeia mudou sua base de terra e trabalho para comércio e troca de capital. Incapazes de sobreviver apenas da conquista de terras e povos na Europa, países como Portugal, França, Bélgica, Espanha e Grã-Bretanha olharam para fora, para o que se tornaria a África e o "Novo Mundo" (as Américas), em busca de terras para colonizar e recursos para explorar, como seres humanos, animais, ouro, especiarias e açúcar.

Monarcas portugueses ordenaram a invasão do norte da África com o propósito de capturar terras e pessoas já em 1415. Historiadores estimam que os primeiros africanos escravizados podem ter sido povos da Mauritânia capturados durante ataques portugueses. Embora essas invasões já estivessem ocorrendo, ainda não haviam sido legitimadas e aprovadas pelo papa. Assim, em 1452, uma bula papal chamada *Dum Diversas*, que quer dizer "até diferente", foi emitida pelo Papa Nicolau V. Ela autorizava a perpétua escravização e remoção dos "inimigos de Cristo, em qualquer lugar", o que dava a todos os invasores católicos uma prerrogativa "divina" para a escravização e desumanização de povos indígenas na África e nas Américas, além dos povos muçulmanos, judeus e outros não cristãos que já enfrentavam perseguição nas cruzadas e inquisições cristãs.

As pessoas nas terras invadidas por esses colonizadores foram racializadas (ou categorizadas de acordo com a construção de raça) para que africanos e outros povos originários fossem falsamente classificados como "sub-humanos" que precisavam de intervenção e dominação colonialista. Em toda nova missão imperialista, os colonizadores racializavam os povos indígenas e os colocavam na hierarquia criada pela raça. *Indígena* significa "que tem origem ou ocorre naturalmente em certo lugar". Também é sinônimo de nativo (embora, a depender do contexto, esses termos possam não ser substituíveis). Quaisquer povos que são originários de uma região são indígenas; no entanto, essa terminologia muitas vezes é aplicada exclusivamente a povos das Américas e da Austrália, embora povos africanos também sejam indígenas. É importante observar que a indigeneidade é uma posição relativa no sistema colonial, então é incorreto se referir aos povos colonizadores da Europa como indígenas, pois essa terminologia e esse entendimento só foram criados quando europeus invadiram outras terras.

Como explicado pela jornalista e pensadora política Claudia Jones, o *imperialismo* (ou expansão do poder e influência de um país por meio da colonização) é "a causa-raiz do racialismo. É a ideologia que sustenta o domínio e a exploração colonial. Ele prega a 'superioridade' da raça branca, cujo 'destino' é dominar aqueles com peles de outras cores e tratá-los com desprezo." Embora possa parecer que a colonização aconteceu há muito tempo, o colonialismo é atual e sua ideologia permanece com o "paternalismo branco" (também chamado de "complexo do branco salvador" ou, arcaicamente, "fardo do homem branco"), que é a ideia opressora de que brancos têm o "dever" de interferir na vida de todas as pessoas racializadas para que nós prosperemos ou tenhamos sucesso. O paternalismo branco é a ideologia que sustenta práticas como o excesso de policiamento em vizinhanças predominantemente negras, por exemplo.

98 LEIA ISSO E APRENDA

Durante a era inicial da colonização europeia, a construção de raça foi uma ferramenta conveniente e um modo simples de categorizar (ou racializar) humanos para oprimi-los. Desde essa época, sistemas legais e pseudocientíficos racistas foram adaptados e evoluíram para definir raça de forma mais restritiva, com efeitos que ainda são sentidos hoje.

A seguir, temos uma breve linha do tempo histórica comentada sobre a invenção e reprodução do conceito de raça, de 1452 a 1950.

1452: A bula papal *Dum Diversas* do papa Nicolau V sobre os "inimigos de Cristo" é usada para subjugar e escravizar povos originários na África e nas Américas, e para continuar a campanha de violência e discriminação contra judeus, muçulmanos e outros povos não cristãos.

1492: O Édito de Expulsão espanhol remove à força 200 mil judeus de Espanha e Portugal como parte da Inquisição Espanhola. Ao mesmo tempo, a Espanha financia a invasão de Cristóvão Colombo às Américas e a tentativa de genocídio dos povos indígenas da Turtle Island (que viria a ser chamada de América do Norte).

1500: Tem início a era do Iluminismo. Europeus começam a usar "ciência" e filosofia além de religião para reproduzir raça e racismo. A ideia de Grande Cadeia do Ser é usada para colocar os europeus como mais próximos a Deus na hierarquia racial, com todas as pessoas racializadas abaixo deles.

1513—1604: Espanha, Grã-Bretanha e França continuam a invadir a América do Norte e a estabelecer colônias por meio de expulsões e violência. Os primeiros africanos são escravizados e transportados para as colônias britânicas.

1662: *Partus sequitur ventrum* (ou "a prole segue o ventre") se torna lei na colônia da Virgínia, estendendo a condição de escravidão de mãe para filhos, codificando ainda mais o aspecto de reprodução humana no processo de reprodução social de raça.

1664: Uma lei aprovada na Assembleia Geral de Maryland usa dois critérios legais, "pele negra e residência em Maryland", para interconectar a condição de escravidão à negritude racializada. Isso codifica a crença de que todas as pessoas negras, escravizadas ou livres, eram designadas escravizadas. Também serve de base para "manter cristãos negros em perpétuo cativeiro".

1685: O decreto Code Noir é aprovado pelo rei Luís XIV para controlar negros livres e escravizados nos territórios franceses das Américas. O decreto requer a doutrinação cristã dos negros escravizados e limita os direitos civis e de cidadania dos negros libertados. Por exemplo, pessoas filhas de europeus e racializadas não poderiam usar o sobrenome da mãe ou do pai europeu.

1691: "Branco" aparece pela primeira vez como referência a pessoas brancas na colônia da Virgínia com o objetivo de banir os casamentos entre negros e brancos. Começa uma longa história de leis "anti-miscigenação" nos Estados Unidos, que proíbem o casamento ou reprodução entre pessoas racializadas e brancas.

1749: O naturalista francês e racista científico Georges-Louis Leclerc introduz raça (e racismo) ao estudo "científico" da variação humana.

1758: O botânico sueco e racista científico Carl Linnaeus classifica seres humanos em seis variações, com descrições de cor de pele, características corporais, cor de cabelo, textura capilar, cor de olhos, comportamento, forma de governo e vestimentas. Embora Linnaeus não use o termo "raça", as descrições que ele adiciona às variações que inventou são profunda e objetivamente racistas. As seis variações incluem pessoas selvagens (*Homo sapiens ferus*), pessoas vermelhas (*Homo sapiens Americanus*), pessoas brancas (*Homo sapiens Europaeus*), pessoas amarelas (*Homo sapiens Asiaticus*), pessoas negras (*Homo sapiens Africanus*) e pessoas monstruosas (*Homo sapiens monstrosus*).

1787: O racista alemão Christoph Meiners publica *Outline of the Theory and History of the Beautiful Sciences* (Resumo da Teoria e História das Belas Ciências), que promove ideologias nocivas como a beleza, a inteligência e o tamanho cerebral "superior" dos europeus em comparação com todas as pessoas racializadas, incluindo povos indígenas nas Américas e na África, povos judaicos e eslavos. Meiners também afirma que pessoas racializadas sentem menos dor e emoções que europeus.

1792: O médico e racista holandês Petrus Camper codifica o "prognatismo" sob a forma de medidas de ângulos faciais para categorizar feições humanas em uma hierarquia que põe os europeus no topo.

1795: O anatomista e racista alemão Johann Blumenbach categoriza humanos em cinco variações, incluindo "caucasiana", "mongol", "malaia", "etíope" e "americana". Isso é significativo, pois é o entendimento de racismo com o qual a maior parte do mundo ainda opera, enfatizando a cor, feições e país de origem para determinar quem pode ou não participar da sociedade e ser considerado merecedor de humanidade.

1799: Pai fundador estadunidense, médico e racista, Benjamin Rush propõe a ideia de "*negroidismo*", uma condição médica não existente que afirma que pessoas com pele escura são na verdade pessoas brancas que precisam de tratamento para uma forma (inexistente) de lepra que escurece suas peles. (Rush é conhecido principalmente por ter sido uma das 56 pessoas que assinaram a Declaração de Independência dos Estados Unidos).

1839: Médicos e racistas, Samuel Morton e George Combe promovem a pseudociência da frenologia, que afirma falsamente que diferenças no tamanho craniano — e, logo, na capacidade intelectual — são baseadas em raça.

1857: A Rebelião Indiana de 1857, que durou um ano, começa com a tentativa de acabar com o domínio colonial da Companhia Britânica das Índias Orientais. Após a repressão ao levante, o poder é transferido da Companhia Britânica das Índias Orientais para a monarquia britânica. Sob esse novo governo, os colonizadores implementam políticas racializadas contra o casamento entre pessoas racializadas e brancas e obrigam a segregação de pessoas indianas.

1865: A escravidão e a servidão involuntária terminam nos Estados Unidos (exceto como punição para crimes).

1870: A Lei de Naturalização (*Naturalization Act*) permite que "estrangeiros nascidos na África" e "pessoas de descendência africana" se tornem cidadãos estadunidenses. O censo dos EUA inclui categorias racializadas de "cor", incluindo "B" para *black* (negro), "C" para chinês/asiático do leste, "I" para índio americano, "M" para mulato* e "W" para *white* (branco).

1872: Charles Darwin, biólogo inglês, naturalista e racista, publica *A Origem do homem e a Seleção Sexual* e afirma que a espécie humana consiste em raças biológicas separadas, e que variações de cor de pele, textura capilar, feições e outros são "evidência" disso.

---

* Os termos "índio" e "mulato" são extremamente controversos por suas conotações racistas. No entanto, aparecem nesta seção pois eram assim usados nos contextos em questão. [N. da T.]

Darwin sugere que a raça biológica foi criada ou por seleção sexual ou por seleção natural. Ele também afirma que quando raças biológicas distintas se reproduzem ou se "misturam", formam novas raças distintas. Isso é pseudociência não fundamentada para incitar pânico contínuo sobre a "impureza" racial resultante da "miscigenação".

1877: Lewis Henry Morgan, antigo senador estadual de Nova York e racista, rotula os estágios do progresso humano como "selvageria", "barbarismo" e "civilização", colocando sociedades europeias como a forma mais alta e refinada de progresso humano. Embora Morgan não tenha inventado essa noção da era iluminista, ele a reproduziu e a perpetuou.

1882: Os Estados Unidos implementam a Lei de Exclusão dos Chineses, suspendendo a imigração e a naturalização de pessoas da China. Em 1892, o congresso estende essa lei, que se torna permanente em 1902 e não é formalmente revogada até 1943.

1890: Os Estados Unidos começam a usar oito classificações primárias de raça, apoiando-se nas suposições promovidas por Blumenbach e Darwin para criar categorias incluindo brancos, negros (¾ ou mais de "sangue negro"), mulatos (⅜ a ⅝ de "sangue negro"), mestiços/*quadroons* (¼ de "sangue negro"), mestiços/*octoroons* (⅛ de "sangue negro"), índios, chineses e japoneses.

1896: Ocorre a decisão do caso *Plessy contra Ferguson*, com a Suprema Corte dos EUA definindo que leis de segregação racial em locais públicos são constitucionais contanto que os locais segregados tenham a mesma qualidade, uma doutrina que passa a ser conhecida como "separados mais iguais". (Na prática, se torna "separados e superiores" para os brancos.) Essa doutrina é inerentemente supremacista branca, pois separa pessoas racializadas das brancas em todos os aspectos da vida pública e da morte (pois até cemitérios eram segregados).

1898—1941: As leis de imigração e naturalização estadunidenses racializam pessoas judias como parte da "raça hebraica".

1900: As categorias do censo dos EUA para cor e raça incluem "B" para *black* (negros), "Ch" para chineses, "In" para índios americanos, "Jp" para japoneses e "W" para *white* (brancos). Também é adicionada à parte uma "Indian Population Schedule" ("Agenda da População Índia") com uma pergunta sobre que "fração da linhagem da pessoa é branca".

1910: O censo dos EUA adiciona categorias de cor e raça incluindo "Ot" para *other* (outras) raças. Na *Indian Population Schedule* de 1910, há três perguntas separadas sobre a proporção da linhagem da pessoa que é índia americana, negra e branca.

1920: A *Indian Population Schedule* é removida do censo dos EUA.

1924: A Lei da Imigração de 1924 é assinada pelo presidente Calvin Coolidge com a declaração de que "A América deve se manter americana". A lei limita o número de vistos de imigrantes para 2% do número total de pessoas de cada nacionalidade que estavam nos Estados Unidos desde o censo nacional de 1890. A legislação atinge imigrantes asiáticos, poloneses, italianos, gregos e eslavos, assim como judeus (racializados como tendo "raça hebraica").

1925: A Escola de Guerra do Exército dos Estados Unidos (*US Army War College*) publica um memorando intitulado "The Use of Negro Manpower in War" ("O uso da força de trabalho negra na guerra"), apresentando uma pseudociência racista que alega que pilotos negros não são capazes de se equiparar à proeza dos pilotos brancos. Esse memorando estimula a continuação da segregação no exército dos EUA.

1930: Categorias racializadas no censo dos EUA incluem "Ch" para chineses, "Fil" para filipinos, "Hin" para hindus, "In" para índios americanos, "Jp" para japoneses, "Kor" para *Korean* (coreanos), "Mex" para mexicanos, "Neg" para negros e "W" para *white* (brancos). Todas as outras raças devem ser escritas por extenso. De acordo com a história do censo estadunidense, "Uma pessoa com linhagem branca e negra deveria ser registrada como negra, não importando a fração da linhagem. Uma pessoa de linhagem mista negra e indígena também deveria ser registrada como negra, a não ser que fosse considerada 'predominantemente' indígena e aceita como tal pela comunidade." Isso apaga os negros estadunidenses e estadunidenses com descendência africana que podem ter tido ancestralidade indígena sem serem membros ou terem reconhecimento de tribos.

1933—1945: Leis repudiáveis são impostas contra povos judaicos na Europa pelo regime nazista, incluindo as Leis de Nuremberg de 1935, que tiram a cidadania e os direitos civis de judeus com base na designação racializada de "raça judaica". Até 1945, calcula-se que 6 milhões de judeus teriam sido assassinados durante o Holocausto. Durante esse período, os Estados Unidos proíbem a entrada de navios com refugiados judeus fugindo da perseguição nazista.

1940: Os Estados Unidos criam a *Alien Registration Act* (Lei de Registro de Estrangeiros), que obriga todos os imigrantes maiores de 14 anos a se registrarem com o governo e terem suas digitais cadastradas por questão de "segurança nacional". A ideia de "americanidade", lealdade e patriotismo exclui pessoas racializadas tendo elas nascido ou não nos EUA. A categoria racializada "mexicanos" é removida, e pessoas anteriormente registradas como mexicanas passam a ser registradas como brancas "a não ser que tenham ancestralidade definitivamente indígena ou não branca".

1942—1945: Após o ataque do Exército Imperial Japonês em Pearl Harbor, os Estados Unidos justificam falsamente o encarceramento de nipo-estadunidenses e pessoas com ancestralidade japonesa, alegando que pessoas com essa ancestralidade representavam por natureza um risco à segurança nacional, usando as definições falsas de lealdade nacional e patriotismo para identidades racializadas. Dados obtidos no censo dos EUA de 1940 são usados para roubar e encarcerar japoneses e nipo-estadunidenses.

1901—1949: A Austrália implementa a política da Austrália Branca, melhor (porém danosamente) descrita pelo então primeiro-ministro John Curtin como a seguir: "Este país deve para sempre permanecer o lar dos descendentes daqueles que vieram para cá... para estabelecer nos Mares do Sul um entreposto da raça britânica."

1949: A Lei de Proibição de Casamentos Mistos (*Prohibition of Mixed Marriages Act*) da África do Sul entra em vigor no apartheid, proibindo a "miscigenação", ou o casamento entre pessoas racializadas e brancas.

1950: Raça, e não cor, é usada para registrar a racialização no censo dos EUA.

Examinando a linha do tempo, vemos as mudanças progressivas e ideias absurdas que estabeleceram a base do atual sistema de raça e racismo. Um ponto fundamental nesse processo foi a troca do uso da religião para marginalizar pessoas pela prática iluminista de usar a "ciência" e a filosofia para articular diferenças, e a legislação para classificar essa diferença e oprimir as pessoas de acordo com ela.

BRANQUITUDE E SUPREMACISMO BRANCO

À medida que raça e racismo eram inventados, implementados e perpetuados, a branquitude e a supremacia branca eram simultaneamente inventadas, implementadas e perpetuadas. Construindo e reproduzindo raça conforme o necessário, os europeus racializaram todos os outros seres humanos como secundários e inferiores a eles (ou, mais coloquialmente, como inferiores aos "brancos"). A branquitude (ou condição de branco) é uma posição de poder possibilitada apenas pela criação de grupos racializados como negros, indígenas e pessoas não brancas. A identidade "branca" também é racializada; no entanto, em sistemas de supremacismo branco, não há racismo contra brancos. A escritora, palestrante, ativista e assistente social feminista Michelle B. Taylor observa que mesmo a expressão "*people of color*" ("pessoas de cor"**, em tradução literal) subentende que há pessoas sem cor, ou brancas, que são sinônimo do estado padrão de ser humano (seriam apenas "pessoas"). Raça, racismo e racialização ditam quem é ou não humano ou merece humanidade. O modo como a racialização impacta as pessoas brancas é deixá-las inominadas como brancas e não impactadas pelas consequências da raça e do racismo. Crianças que têm como progenitores biológicos uma pessoa racializada e outra branca muitas vezes são descritas como "metade negras", "metade indígenas" etc., enquanto presume-se que a outra "metade" inominada seja branca. Isso também é demonstrado pelo modo com o qual nós, pessoas racializadas, muitas vezes somos forçadas a hifenizar nossa identidade racializada com nossa identidade nacional, como em nipo-americana, afro-americano, e por aí vai. Sem essas hifenizações, a suposição padrão é a branquitude. Quem melhor disse isso foi a autora ganhadora do Nobel Toni Morrison: "Neste país, americano significa branco. Todo o resto precisa hifenizar." Por esse motivo, é importante romper com a dinâmica de poder da branquitude a nomeando em circunstâncias nas quais ela ficaria de outro modo implícita.

** O termo, embora bem difundido no contexto estadunidense, não costuma ser bem aceito no Brasil. [N. da T.]

Por meio da intervenção da raça e do racismo, colonizadores europeus tornaram-se "brancos" e a branquitude se tornou a base do que significa ser humano. Essa autodefinição foi reproduzida no trabalho de inúmeros filósofos europeus iluministas, incluindo mas não limitando-se a David Hume, René Descartes, Thomas Locke e Immanuel Kant. Esses e outros filósofos europeus explicaram o que é ser humano a partir de suas próprias posições autofavoráveis de homens brancos europeus. Como explica a professora de estudos da diáspora africana e de gênero Dra. Sabine Broeck, "O direito humano ao conhecimento, autodomínio e controle" é "considerado pelos estudiosos iluministas como um direito de nascença exclusivo dos brancos ocidentais europeus devido à autodeclarada 'beleza' da raça caucasiana." A própria definição de "beleza" ainda perpetuada hoje vem das construções de Christoph Meiners no século XVIII, que são falsamente apresentadas como fato.

É crucial entender que a branquitude é uma posição de poder no sistema de raça — é o padrão em qualquer estrutura construída sobre o supremacismo branco. Os pressupostos eurocoloniais sobre raça como sistema que examinamos na seção anterior são necessários para a branquitude e a supremacia branca continuarem existindo. Se todos aprendessem mais sobre raça, racismo, branquitude e supremacismo branco como foram resumidos aqui, toda a base desse sistema de opressão de 600 anos começaria a ruir. Ao contrário do que sugerem cientistas aclamados como Charles Darwin, Johann Blumenbach e Carl Linnaeus, a supremacia branca não é baseada no mundo natural, mas nas profecias inventadas e autorrealizadas que eles criaram e chamaram de "ciência". O supremacismo branco é um sistema que falsamente coloca a branquitude e as pessoas brancas no centro do que significa ser humano, viver e merecer humanidade e subsistência. No entanto, a supremacia branca não é mantida apenas por raça e racismo; também é sustentada pelo antissemitismo, sobre o qual também devemos aprender mais.

ANTISSEMITISMO

Como podemos ver na linha do tempo das páginas 98–105, outro sustentáculo do supremacismo branco é o antissemitismo. Na verdade, ele é mais antigo que a raça e o racismo, datando de ao menos 270 AEC, com os escritos antijudaicos mais remotos registrados por historiadores. Como a história do povo judeu é antiga, complexa e não caberia em uma pequena seção de um livro, nos concentraremos aqui em aprender mais sobre alguns importantes conceitos introdutórios relacionados ao antissemitismo. É importante ter em mente que falar de antissemitismo exclusivamente como perseguição religiosa pode ser nocivo, pois apaga a realidade da discriminação étnica e racializada que há muito tempo é parte desse preconceito. De forma similar, discutir o antissemitismo exclusivamente no contexto do racismo pode ser visto como nocivo, pois a ideia de uma "raça judaica" é um modo arcaico e incorreto de descrever a identidade judaica, embora devamos entender que o antissemitismo ou o ódio aos judeus é inerentemente racializado no contexto do supremacismo branco.

A identidade judaica pode ter relação com religião, etnia, ancestralidade comum, história compartilhada, tradições religiosas e/ou seculares e cultura. Como observado na linha do tempo anterior, por toda a história pessoas judias vivenciaram perseguições, ostracismo e expulsões em massa por meio de leis antijudeus como o Édito de Expulsão de 1492, que forçosamente expulsou 200 mil judeus da Espanha e de Portugal como parte da Inquisição Espanhola. De acordo com a educadora judia Hilary Hawn, o antissemitismo "transcende ideologias políticas" e está "profundamente enraizado no inconsciente coletivo, tanto que muitas vezes pode ser difícil de reconhecer. Por isso é tão importante se familiarizar com o modo como ele aparenta e funciona." A Aliança Internacional de Memória do Holocausto (IHRA, sigla em inglês) define o antissemitismo como "uma certa percepção de [judeus], que pode ser expressa como ódio a [pessoas judias]. Manifestações retóricas e físicas do antissemitismo são direcionadas a indivíduos judeus ou não e/ou a suas propriedades, a instituições comunitárias judaicas e a instalações religiosas." Como observado na definição da IHRA, o antissemitismo nem sempre é violento; ele também é uma percepção desumanizada do povo judeu que resulta de instituições de supremacia branca que propagam a ignorância, a intolerância e o medo, o que acaba levando à violência. O antissemitismo também se manifesta como a negação da realidade e da abrangência do antissemitismo ao longo da história e nos dias de hoje, e/ou na negação da realidade e das consequências do Holocausto. O Holocausto descreve a expulsão, a perseguição e o assassinato sistemáticos de mais de 6 milhões de judeus pelo regime nazista durante a Segunda Guerra Mundial. O antissemitismo não começou ou terminou com o Holocausto, e dizer o contrário é algo em si antissemita.

O antissemitismo muitas vezes é demonstrado pela desumanização, estigmatização, violência, difamação e estereotipagem generalizadas contra indivíduos e comunidades judaicas. O discurso de ódio antissemita clássico inclui o que a IHRA descreve como uma "conspiração judaica" de pessoas judias que "controlam mídia, economia, governo e outras instituições sociais". O antissemitismo também se manifesta como a atribuição incorreta e anti-histórica da origem da escravização de africanos aos judeus (quando na realidade ela foi originada por seguidores da Igreja Católica), ou a atribuição incorreta da crucificação de Jesus Cristo, que era judeu, aos judeus (quando na verdade foram os romanos). Muitos dos métodos milenares de violência antissemita e discriminação institucionalizada contra judeus são usados juntos com a reprodução social do racismo e do supremacismo branco, e a orientam.

O modo como falamos e as palavras que escolhemos são importantes ao discutirmos e combatermos o antissemitismo. Como o termo em inglês "*jew*" ("judeu") foi usado de forma pejorativa fora da comunidade judaica, nessa língua é mais apropriado que pessoas não judias digam "*Jewish people*" ("pessoas judias"). No entanto, o termo "*jew*" geralmente é aceito dentro da comunidade judaica, então pessoas não judias devem ter o cuidado de não policiar a linguagem usada por membros dessa comunidade. Essa é uma lição importante a termos em mente, pois as comunidades têm o direito de se descreverem como quiserem, e quem não é membro não deveria tentar regular isso. Também é importante ter em mente que essa terminologia não é aprovada ou rejeitada universalmente por várias comunidades, pois dentro delas há uma vasta gama de opiniões sobre o uso de vários termos e de aprovação deles. A orientação aqui é específica ao contexto de conotação histórica.

Embora a palavra *antisemitism* em inglês possa aparecer hifenizada, educadores e organizações como a Liga Antidifamação (ADL, sigla em inglês) e a IHRA não hifenizam mais a palavra. Usar o hífen pode insinuar incorretamente que há um grupo racial chamado Semites. Desde 1781, *"Semitic"* ("semita") descreve uma família de línguas, mas o termo não deve ser aplicado a um grupo de pessoas. (Observe, no entanto, que é adequado hifenizar *"anti-Jewish"* ("antijudaico"), pois *"Jewish"* ("judaico") de fato é uma identidade e uma comunidade de pessoas.) A ADL afirma de forma sucinta que o antissemitismo "está enrolado em dinâmicas históricas, políticas, religiosas e sociais complicadas". Semelhante ao modo como a "ciência" foi usada para apoiar e promover o racismo, em 1879 Wilhelm Marr inventou os termos *"Antisemitismus"* e "antissemita" para fazer o ódio aos judeus parecer "científico" e "legítimo". Ao mesmo tempo, Marr afirmou incorretamente que os judeus eram um grupo racial chamado semitas. Antes disso, o termo *"Judenhass"* era usado e significava "ódio a pessoas judias". Aprender mais sobre o antissemitismo nos ajudará a aprender mais sobre outras formas de opressão ao mesmo tempo que fazemos do mundo um lugar mais seguro para os judeus. Isso significa escutar pessoas judias quando elas falam sobre a opressão que sofrem, denunciar o antissemitismo ao vê-lo ou escutá-lo e continuar a reconhecer e trabalhar para desaprender o ódio e o preconceito intrapessoais, interpessoais e institucionais contra judeus.

RACISMO

Quando Barack Obama se tornou o primeiro presidente negro dos Estados Unidos em 2008, a falácia da sociedade "pós-racial" emergiu no discurso popular. A ideia defendia, de forma incorreta, que a eleição de um presidente negro nos EUA significava que o racismo não era mais um fato na sociedade estadunidense. Isso, é claro, não era verdade. Aprender mais sobre o racismo significa entender que as conquistas de indivíduos racializados não negam a realidade do racismo para eles mesmos ou suas comunidades. Raça e racismo foram codificados por meio de violência, colonização, imperialismo e genocídio pelos últimos 600 anos. Diminuir a opressão e a violência diária do racismo e da supremacia branca para algo que pode ser desfeito ou resolvido pelas conquistas de uma ou mesmo de algumas pessoas racializadas é reducionista e em si racista.

Uma abordagem igualmente problemática é dizer que você "não vê cor", é "cego para cores" ou "não enxerga raça". A ideia por trás desse entendimento equivocado é que se "ignorarmos" ou simplesmente não focarmos a questão da raça, ela não importará mais e o racismo se tornará obsoleto. Mas raça e racismo não são como uma espinha que aparece no rosto — esses sistemas de opressão enraizados e globais não somem se você não mexer neles. Ignorar o papel que a raça desempenha no nosso dia a dia é uma posição de privilégio que apaga, de forma nociva, as vivências de pessoas racializadas. A raça emaranhou-se tanto no modo como sentimos o mundo que não é possível simplesmente "não vê-la". Além disso, os termos "não enxergar cor" ou "ser cego para raça" são termos capacitistas impróprios — esse modo de pensar sobre racismo é melhor descrito como "negligência racista". Definições legais de *negligência* a descrevem como "falha em ter o devido cuidado, resultando em danos ou injúria a outros", o que é apto ao contexto do racismo. Ignorar os danos criados e perpetuados pelo racismo apenas resultará em mais racismo. Frases como "não vejo cores" ou "não vejo raça" na verdade significam "eu me recuso a reconhecer o papel da raça e da cor, e escolho participar de bom grado da negligência racista ao ignorar essas realidades e as dinâmicas de poder associadas a elas, pois tenho o privilégio de poder fazê-lo."

A conversa sobre o racismo é vasta e importante. Para seguirmos no caminho de um entendimento claro, examinaremos a seguir o racismo intrapessoal, interpessoal e institucional. Entender o racismo nessas formas também possibilitará que entendamos que não apenas pessoas brancas são racistas em potencial. Acima de tudo, no entanto, isso não significa que todos podem *vivenciar* pessoalmente o racismo — em sistemas de supremacismo branco, não há racismo contra brancos, pois essas pessoas são beneficiárias do racismo O "racismo reverso", ou a ideia de racismo contra pessoas brancas, não existe. Isso porque o racismo existe para beneficiar e enaltecer os brancos. Pessoas brancas podem experimentar outras formas de opressão e discriminação como sexismo, classicismo e capacitismo, mas esses são exacerbados para todas as outras pessoas graças ao racismo. Tudo está conectado.

RACISMO INTRAPESSOAL

O *racismo intrapessoal* consiste em crenças, suposições e entendimentos internalizados e muitas vezes não verbalizados sobre nós mesmos e os outros no que diz respeito à raça (às vezes isso é chamado de "racismo internalizado"). O racismo não é uma preocupação exclusiva dos oprimidos, e para aprender mais sobre o racismo intrapessoal devemos ser transparentes e honestos com nós mesmos sobre como participamos de sistemas de opressão. Quando chegam aos 3 anos, crianças já absorveram e aprenderam ideias falsas de superioridade e inferioridade baseadas em raça. Embora bebês tenham pouco controle sobre como são socializados e no que os ensinam a crer, é nossa responsabilidade desaprender e desmantelar esses conceitos se temos sequer um pouco de noção de sua falta de embasamento. Se afirmamos encarar a experiência humana com respeito e dignidade mútuos, não podemos deixar de analisar e desafiar nosso racismo internalizado. Devemos examinar a fundo nosso racismo intrapessoal não importando nossa identidade racializada, e isso é especialmente importante para pessoas brancas. Não é uma análise fácil, mas é necessária e é só o começo. Layla F. Saad, autora de *Eu e a Supremacia Branca*, diz de forma incisiva que "esforços antirracistas que não partam o coração não são capazes de levar as pessoas a mudanças significativas". Embora possa ser muito mais fácil apontar as agressões que existem à nossa volta, é muito mais importante nos responsabilizarmos por nossa participação, intencional ou não, nessas agressões. Combater o racismo intrapessoal é um exercício íntimo, que objetiva melhorarmos não só a nós mesmos como aos que estão ao nosso redor.

Embora possa não ser tão tangível quanto outras formas de racismo, o racismo intrapessoal possibilita que os racismos interpessoal e institucional persistam. Embora em alguns casos sejamos sufocados por crenças opressivas, em outros podemos nos elevar com crenças e preconceitos que oprimem os demais. Entender nós mesmos e os outros é parte central de sermos humanos, mas nossa existência se torna rasa e violenta quando vivemos em uma cultura supremacista branca e a mantemos. Crenças falsas na superioridade e na inferioridade formam uma base frágil sobre a qual construir nossa vida e nosso senso de identidade; esse é o âmago do que a autora Dra. Robin DiAngelo chama de "fragilidade branca", que descreve a relutância dos brancos em examinar seu próprio racismo intrapessoal assim como sua atitude defensiva ao participar de conversas sobre raça. A fragilidade branca não deve ser confundida com a ideia racista de que brancos são simplesmente mais sensíveis que pessoas racializadas.

Sentir de alguma forma que os outros são inferiores a você — sendo ou não você uma pessoa racializada ou parte do mesmo grupo racial — muitas vezes se traduz na desumanização e na disposição para apoiar políticas agressivas como a deportação e a criminalização, por exemplo, que têm impacto relevante nas vidas das pessoas. O racismo intrapessoal contribui para o interpessoal e o institucional, pois são nossos preconceitos não apurados que nos ajudam a justificar formas externalizadas de racismo e opressão. Se em algum lugar da sua mente ou coração você acredita na mentira de que negros são "mais propensos" a cometer crimes, isso impacta como você vê e trata todas as pessoas negras, não importando se está ciente ou confortável com o fato de se sentir dessa forma. Uma vez identificados tais preconceitos, é sua responsabilidade consertá-los e curá-los para evitar perpetuar mais danos.

Meu racismo intrapessoal impactou negativamente meu senso de identidade durante a infância. Embora hoje seja uma adulta bem segura de mim e com entendimento avançado de teoria crítica de raça e da opressão que contribuiu para meu próprio racismo intrapessoal, tenho certeza de que ainda tenho trabalho não resolvido a fazer. Quando pequena, eu tinha vergonha do meu cabelo (apesar de meus pais se esforçarem para me convencer do contrário). Felizmente, ninguém durante minha vida me disse de forma explícita que eu deveria me sentir mal com meu cabelo por ser negra ou por ter cabelo cacheado e crespo. Porém, essa mensagem ainda foi passada para mim de muitas formas, e eu a internalizei. Quando estava no segundo ano do fundamental, fiquei muito animada para o dia da foto na escola e mal podia esperar para usar minhas melhores roupas e para minha mãe enviar minha foto para meus avós e outros parentes. A empresa de fotografia ofereceu pentes descartáveis para retoques de última hora, mas nenhum deles era feito para minha textura capilar. Como a negritude racializada é igualada a coisas como textura de cabelo crespa e cacheada, eu achava que a razão para eu ser excluída desse simples ritual de pertencimento era minha culpa e devido à minha identidade racializada. A mulher branca que estava inspecionando os alunos para usar essas oportunidades de retoques de última hora deixou bem claro para mim que os pentes não serviriam para "cabelo de pessoa negra". Eu já era a única pessoa da minha comunidade (além da minha irmã) na escola, e ser a única aluna do meu ano que não podia pentear o cabelo com um pente descartável para se preparar mais ainda para o dia da foto me deixou hiperciente de minhas diferenças. Em retrospecto, hoje reconheço que foi essa a razão pela qual implorei pra minha mãe alisar a parte da frente do meu cabelo em todos os outros dias de foto do ensino fundamental — eu queria me integrar e ser parte do grupo. Queria usar os pentes feitos apenas para pentear cabelos lisos.

Dessa e de muitas outras formas, o supremacismo branco e o racismo intrapessoal negam a crianças racializadas a ideia de pertencimento e têm impactos em longo prazo na autoaceitação e na identidade. Em alguns casos, as consequências são mais graves, como o funil "da escola para a prisão" ou as respostas disciplinatórias desproporcionalmente duras aos comportamentos de crianças racializadas se comparados aos mesmos comportamentos de crianças brancas. Hoje, amo totalmente o meu cabelo, mas minha decisão de usar o hijab (um lenço de cabelo religioso islâmico) e cobri-lo de certa forma foi impactada por essas experiências da infância. Não apenas tive que formar minha própria identidade pessoal como tive que fazê-lo contra o peso de um sistema opressivo.

Nossos preconceitos internalizados podem ser separados entre aqueles dos quais estamos cientes, chamados *estereótipos explícitos*, e os dos quais não estamos cientes, os *estereótipos implícitos*. No entanto, não importa se acreditamos ou não que estamos ativamente reforçando nossos preconceitos — o que importa é sermos honestos o suficiente com nós mesmos para admitirmos quando temos internalizadas as falsas crenças ensinadas pela sociedade sobre raça, gênero, deficiência, nós mesmos, os outros e muito mais. Preconceitos são aprendidos e podem e devem ser desaprendidos. Se não pudermos ser honestos com nós mesmos e fazermos uma análise interna de maneira imparcial, teremos grandes dificuldades para erradicar os racismos interpessoal e institucional, que são muito mais identificáveis e concretos.

RACISMO INTERPESSOAL

O *racismo interpessoal* é aquele entre pessoas. Quando pensamos em racismo, esse costuma ser o tipo que vem à mente. Há muitas formas diferentes de racismo interpessoal, assim como há muitas formas diferentes de interação humana. O racismo interpessoal nem sempre se manifesta como violência explícita, embora isso possa ser parte dele. Infelizmente, o racismo pode estar presente em toda e qualquer forma de interação humana.

Em muitos casos, o racismo interpessoal é o modo pelo qual indivíduos reforçam e reproduzem a instituição do racismo, tornando sua missão pessoal racializar outras pessoas e assim perpetuá-lo. Já houve incontáveis ocorrências de pessoas racializadas realizando atividades corriqueiras simples, como praticar corrida, dormir ou voltar de uma loja, que resultaram em violência mortal pelas mãos de policiais ou justiceiros racistas. O racismo intrapessoal, que consiste em nossos preconceitos e falsas crenças não analisados, nos leva a suposições racistas quanto à conduta de pessoas racializadas, e o racismo interpessoal põe nessas pessoas a responsabilidade de agir de maneira que diminua a probabilidade dos outros infligirem seu racismo internalizado no mundo exterior. O racismo interpessoal pode ser a arena na qual o racismo ocorre, mas ele é sustentado pelo racismo intrapessoal.

O racismo interpessoal é tão onipresente nas vidas das pessoas racializadas que pode ser difícil para nós determinar o número de interações racistas que vivemos diariamente. O racismo não ocorre exclusivamente em momentos pontuais de violência; ele também é como uma névoa venenosa que nos mata de forma lenta e consistente. Essa realidade do racismo interpessoal muitas vezes é descrita como "racismo cotidiano" ou "racismo casual". No entanto, esses coloquialismos podem falsamente insinuar que a severidade e os perigos do racismo devem ser menosprezados. Em 1970, o psiquiatra de Harvard Dr. Chester M. Pierce criou o termo *microagressão* para descrever o tratamento desdenhoso, ofensivo e desrespeitoso que indivíduos negros sofrem nas mãos de não negros. O termo *microagressão* muitas vezes é mal compreendido como ações racistas que são pequenas ou inconsequentes. No entanto, microagressões não são pequenas e não devem ser encaradas de modo leviano. Elas podem ser mais bem entendidas como "morte por mil cortes", pois podem ser prejudiciais à saúde de uma pessoa, assim como a sua segurança, suas oportunidades, seu ganha-pão, sua pessoalidade e muito mais.

Embora ações óbvias de racismo — como agredir fisicamente a alguém por crenças racistas — são o que costumamos associar mais com o racismo interpessoal, esse tipo de racismo tem muitas formas. Como existimos em sistemas opressivos, comportamentos opressores são recompensados. As microagressões se tornaram tão onipresentes que aqueles de nós que as cometem podem não considerar suas ações como sendo racistas. Aprender mais sobre o racismo exige que nos lembremos da filosofia do ubuntu, ou humanidade com os outros. É nossa responsabilidade estarmos cientes de nossos comportamentos, impulsos e pensamentos racistas, resolvê-los interna ou intrapessoalmente e nos responsabilizarmos e nos redimirmos por eles quando afetam outras pessoas interpessoalmente. As páginas a seguir contêm exemplos de alguns comentários e perguntas comuns que são enraizados no racismo, com explicações sobre por que são racistas e deveriam ser evitados.

COMENTÁRIOS & PERGUNTAS RACISTAS

O QUE NÃO DIZER	POR QUE NÃO É LEGAL
"Eu nem te vejo como [identidade racializada]."	Quando dizemos algo assim, não apenas ignoramos e minimizamos a identidade da pessoa como também indicamos que em sistemas de supremacia branca, só podemos humanizar indivíduos ao separá-los de sua identidade racializada. Compartilhar nossas percepções sobre o grupo étnico ou racial de alguém nunca é lisonjeiro — na verdade é ofensivo e racista. É fundamental questionar por que vemos alguém como uma "exceção" a nossas suposições racistas em vez de avaliarmos como as suposições que temos são racistas.
"Você deve se sair bem em [inserir atividade estereotipicamente associada ao grupo étnico ou racial]."	A falácia de que a raça tem base biológica também resultou na noção falsa de que certos grupos racializados têm tendências ou habilidades particulares para certas atividades. A melhor maneira de descobrir os interesses e talentos de uma pessoa é conhecê-la pessoalmente, e não fazer suposições com base em sua identidade racializada.
"Você fala tão bem."	Quando nos surpreendemos por um indivíduo exceder nossas suposições racistas, isso diz mais sobre nossas capacidades do que sobre as dele. Essas falas nocivas revelam a percepção racista de que pessoas racializadas têm "desvantagem intelectual ou cognitiva" em comparação a pessoas brancas. Em geral, devemos elogiar as pessoas pelo conteúdo de seu trabalho, não pelo método que usam ou sua habilidade de comunicar esse trabalho. Isso pode ser adequado em casos de ações relativas à oratória ou a discursos.

CONTINUA

118 LEIA ISSO E APRENDA

CONTINUAÇÃO

"Você conhece [outra pessoa racializada]?" ou "Você se parece com [outra pessoa racializada]."	Um dos maiores aspectos da desumanização é não reconhecer que pessoas são indivíduos e não estão conectadas a todos os demais membros de seu grupo racializado. Presumir que todos os membros de um grupo racializado se conhecem ou se parecem é racista. Devemos estar atentos sobre se estamos fazendo uma observação genuína baseada no que sabemos ser possível ou se estamos fazendo suposições racializadas ao comentar quem se parece com/pode conhecer quem.
"Seu/sua [característica facial ou corporal] é natural?"	Comentar sobre se alguém tem ou não uma característica corporal que vai contra suas expectativas sobre a aparência de um grupo racial é algo racista. Não temos o direito de saber nada sobre o cabelo, as feições ou o corpo de ninguém, então não é adequado pedir informações irrelevantes por pura curiosidade. Não é responsabilidade dos outros satisfazer nossas suposições racistas. Somos responsáveis por questionar e identificar nossas suposições racistas e pensar em uma forma de erradicá-las.
"Você é o quê?"	Essa pergunta inoportuna muitas vezes é feita a pessoas cuja aparência externa não é facilmente categorizável segundo entendimentos populares de grupos raciais (e, infelizmente, "um ser humano" parece nunca ser uma resposta satisfatória). A pergunta vem do impulso de racializar ou categorizar de forma fácil e rápida uma pessoa em um grupo racial, e tira dela sua pessoalidade (o que é o objetivo do racismo). Não temos o direito de saber os detalhes da identidade racializada ou da herança étnica de alguém.
"Fale inglês. Estamos nos EUA [ou outra localidade ou país]."	O inglês não é a melhor, mais importante ou mais falada língua no mundo, nem é a língua oficial dos Estados Unidos (não há uma). Embora não seja incomum se frustrar ao não conseguirmos nos comunicar facilmente com uma pessoa, criticá-la por não falar inglês é algo enraizado em imperialismo e xenofobia. É importante examinar de onde vem esse desconforto e se esforçar para identificar e consertar esse preconceito.

APRENDA MAIS SOBRE RAÇA E RACISMO 119

"Uau! Seu sotaque é bem forte [ou qualquer coisa relacionada ao sotaque ou modo de falar de uma pessoa]."	Há 6.500 línguas no mundo e inúmeras formas de pronunciar palavras e frases em diferentes sotaques. O sotaque pode vir de diferenças regionais na forma como a linguagem nativa de uma pessoa é falada ou de diferenças nas cordas vocais, audição ou forma de comunicação de alguém, mas nenhuma dessas diferenças deve ser estigmatizada ou desdenhada. Comentar sobre o sotaque ou modo de falar de uma pessoa não apenas é falta de respeito como também é microagressão. Todos deveríamos ter o cuidado de avaliar as associações negativas que talvez façamos entre modos de falar e coisas como classe, + e capacitismo.
"De onde você é de verdade?"	Geralmente aparece como uma pergunta incrédula após a simples indagação "De onde você é?" e não resulta de interesse genuíno pela origem nacional ou cultural de alguém. Na verdade, a pergunta vem da tendência racista de racializar e categorizar pessoas de acordo com a raça. Se alguém diz a você de onde é, acredite. Não precisamos saber de onde alguém é a não ser que nosso trabalho seja checar passaportes ou realizar o censo. Mesmo se a intenção com esse tipo de pergunta não for ofender, é uma microagressão comum que pessoas racializadas vivenciam. É importante aprender sobre as pessoas de formas conscientes e autênticas, aceitar as informações pessoais que elas escolhem compartilhar sobre suas identidades sem interrogá-las e averiguar nossos preconceitos o tempo todo.

Ao aprender mais sobre o racismo interpessoal, é comum refletirmos sobre como podemos ter errado no passado e querermos contatar as pessoas para as quais falamos coisas que machucaram e pedir desculpas. Como o racismo cria uma dinâmica de poder, é possível que alguém que tenhamos magoado não tenha dito nada por não estar em uma posição de poder capaz de fazê-lo, ou porque nossas ações violaram os princípios básicos de uma relação baseada em respeito mútuo. Esse é um dos motivos pelos quais pode ser desconfortável aprender mais sobre o racismo — adquirimos mais contexto e entendimento sobre como podemos ter falhado no passado. Embora possa ser desagradável saber que causamos danos a alguém, reconhecer esses danos não chega nem perto de ser tão ruim quanto

LEIA ISSO E APRENDA

vivenciá-los. Aprender é uma dádiva, não um fardo, e aprender sobre os modos pelos quais podemos evitar ferir os outros é um privilégio.

Se você machucou alguém — como muitos de nós o fizemos em certo ponto da vida —, a melhor maneira de demonstrar que melhorou é agir melhor. Sem responsabilização e ações aprimoradas, pedidos de desculpas são apenas palavras, e embora estas tenham significado, devem ser apoiadas pelo contexto. (Para mais orientações sobre pedidos de desculpas, veja a página 52.) O perdão requer confiança e deve ser conquistado, e violações e danos repetidos podem fazer com que alguém não queira mais se relacionar conosco. Além disso, apenas porque uma pessoa nos perdoou por magoá-la não significa que não haja mais trabalho a ser feito. No esforço para sermos antirracistas, devemos nos responsabilizar por nosso próprio aperfeiçoamento, e não fazer dele responsabilidade dos outros. Para isso, se você percebeu, ao ler esta seção, que pode ter feito algo problemático ou nocivo a outra pessoa, reprima o impulso de contatá-la imediatamente. Em vez disso, analise primeiro o que levou você a realizar a ação e como pode evitar fazer algo similar no futuro. Considere também se entrar em contato para tentar se redimir poderia causar mais dor e angústia ou se o ideal é só agir melhor no futuro. Não é responsabilidade das pessoas que ferimos fazer com que nos sintamos melhor ou aliviar nossa culpa sobre tê-las ferido. Devemos cuidar para não centralizarmos nossos próprios sentimentos em vez de reconhecermos o esforço que precisamos fazer daí para frente. Pare e sinta o desconforto de que pode ter feito algo racista e deixe esse desconforto motivá-lo a evitar mais ações racistas no futuro.

Muitos de nós já sofreram racismo interpessoal. Em muitos casos, isso acontece em um contexto tão fugaz ou de tamanha inequalidade nas dinâmicas de poder que somos incapazes de nos impor ou apontar o racismo que está acontecendo. Embora eu seja uma educadora, ainda lembro que não é minha responsabilidade informar cada pessoa que faz ou diz algo racista para mim como e em que medida ela está sendo racista. Na minha experiência, às vezes há tanta descrença que não é possível ter uma conversa sobre reconciliação, pois não estamos partindo do mesmo entendimento ou verdade. Se fomos magoados, não é nossa responsabilidade fazer outra pessoa entender isso, especialmente se ela não demonstrou respeito mútuo. Muitas vezes espera-se que pessoas racializadas perdoem e esqueçam casos pontuais ou padrões frequentes de comportamento racista. Isso não apenas é injusto e exaustivo como também reforça as estruturas racistas em si. Vamos aprender mais sobre algumas dessas estruturas racistas agora.

RACISMO INSTITUCIONAL

O racismo não está limitado a nossas atitudes, ideias e crenças internalizadas ou externalizadas. Ele também não é exclusivo das interações entre pessoas. O racismo é parte basilar e sistêmica de inúmeras instituições — assim como de nossa sociedade em geral — no mundo todo. O racismo institucional não se limita a grupos extremistas ou de ódio como a Ku Klux Klan — ele é uma parte profundamente enraizada do cotidiano, especialmente nos Estados Unidos e em países eurocoloniais. O racismo institucional é resultante de estruturas de poder racistas criadas e mantidas pela sociedade, e foi descrito dessa forma pela primeira vez em 1967 pelos teóricos críticos de raça e organizadores comunitários Kwame Ture e Charles Hamilton. As consequências do racismo institucional (também chamado racismo sistêmico) podem ser sentidas em todas as esferas da sociedade, incluindo mas não limitando-se a educação, governo, finanças, justiça, assistência médica, religião, habitação e emprego. A habitação, em particular, é um bom exemplo de racismo institucional e do quanto ele está enraizado em nossa sociedade.

Nos Estados Unidos, quando uma vizinhança é predominantemente branca, não é porque esse lugar simplesmente não atraiu negros ou outras pessoas racializadas — é especificamente devido a políticas de habitação racistas como *redlining* e o desalojamento de indígenas. O *redlining* ("linha vermelha") é uma prática danosa e racista que nega crédito imobiliário com base em raça e é responsável não apenas por vizinhanças segregadas como pelo abismo patrimonial racial nos EUA. Entre 1934 e 1968, o *redlining* resultou em 98% dos empréstimos imobiliários sendo destinados a famílias brancas e apenas 2% a famílias negras ou de outra forma racializadas.

122 LEIA ISSO E APRENDA

Ter casa própria e poder acumular terras estão diretamente ligados ao acúmulo de renda; o *redlining* impediu que inúmeras pessoas racializadas (em particular as negras) fossem capazes de ter acesso a essa oportunidade de enriquecer. Além disso, as terras em questão apenas estavam disponíveis para o acúmulo graças à invasão violenta da terra hoje conhecida como Estados Unidos e à tentativa de genocídio de povos indígenas por colonizadores europeus. Desde sua criação, leis e políticas aprovadas e impostas pelo país resultaram no desalojamento dos indígenas estadunidenses. Em 2020, a propriedade e gestão de terras por parte dos indígenas somava menos de 2,5% do território dos EUA (aproximadamente o tamanho do estado de Minnesota).

Embora tenha sido oficialmente banida em 1968, a prática de *redlining* ainda continua, e não apenas em relação a moradias. Durante a pandemia de COVID-19, negócios administrados por negros e mulheres foram os que menos se beneficiaram com os empréstimos da *Small Business Administration* (Agência de Pequenos Negócios), embora tenham tido números de solicitações similares aos dos negócios administrados por homens brancos. Na esfera dos pequenos negócios e das *startups*, os que são pertencentes a pessoas negras recebem em média menos de 2% do financiamento em dólares de investidores capitalistas de risco ano após ano. Ambos os casos ilustram o profundo racismo institucional enraizado no fato de que terras e recursos estadunidenses foram tomados à força por pessoas brancas e então parcelados de uma forma racista e desigual que favorecia os brancos sobre os demais. Essas ações e políticas tiveram efeitos abrangentes que moldaram o próprio tecido social dos EUA. De acordo com o *Economic Policy Institute* (Instituto de Política Econômica), o patrimônio de negros estadunidenses constitui de 5% a 7% do patrimônio de brancos estadunidenses, em grande parte devido a políticas federais de habitação racistas dos EUA no último século. Hoje, a renda média de famílias negras é de apenas 60% da média de famílias brancas. Isso não é uma coincidência ou um acidente.

Com o estabelecimento da ideia do sonho americano, a supremacia branca sob a forma de racismo institucional foi sendo criada. Empreendedores aclamados, como William Levitt, desenvolveram comunidades inteiras como Levittown, o primeiro subúrbio estadunidense exclusivamente para pessoas brancas. Os contratos padrão de Levittown incluíam cláusulas como "as casas de Levittown não devem ser ocupadas por qualquer pessoa que não seja da raça caucasiana". Do outro lado do país, na Califórnia, a casa da minha avó, que ela comprou em 1962, veio com um documento não executado de 1945 que proibia a venda da casa para "negros, mongoloides e mexicanos". Embora a *Fair Housing Act* (Lei de Habitação Justa) de 1968 tenha ilegalizado a discriminação quanto à moradia, os efeitos de políticas racistas como o *redlining* são sentidos ainda hoje, com apenas 44% das famílias negras tendo casa própria em 2020, em comparação com 73,7% das famílias brancas, um abismo maior do que existia em 1934. Hoje, empréstimos imobiliários muitas vezes são negados a pessoas com base em vieses racistas e justificados por instituições racistas como o sistema de crédito. O alicerce do *redlining* — e do racismo institucional ainda presente na habitação e na sociedade como um todo — era a segregação, uma característica central do nacionalismo supremacista branco. Como explicado pelo pesquisador de estudos da performance e segurança nacional Akeem Omar Ali, "a supremacia branca tem três valores centrais: as pessoas brancas serem geneticamente superiores às demais; a cultura branca ser superior às demais; e as pessoas brancas merecerem viver em um país só de brancos." É o último desses três valores que forma a base da segregação, do *redlining* e da discriminação habitacional.

Apesar de em grande parte terem acesso negado ao sonho americano e à oportunidade de enriquecerem tendo casa própria, negros estadunidenses criaram vizinhanças e comunidades vibrantes, como Detroit, Baltimore, Nova Orleans, Washington, D.C., Atlanta, Compton, Oakland, entre outras. Mas o racismo institucional persiste mesmo em cidades e bairros de maioria negra. Hoje, muitos desses bairros estão sendo desmantelados pela gentrificação, e as famílias negras que tornaram essas áreas atraentes para neocolonizadores e gentrificadores estão sendo deslocadas. Empresas, supermercados, lojas de departamento e bancos operavam menos em vizinhanças que sofreram *redlining*, o que fundamentalmente as moldou de formas que ainda são sentidas hoje. Esse é um dos principais motivos pelos quais bairros historicamente brancos são mais "desejáveis" do que os historicamente negros. Um símbolo da gentrificação é a abertura de filiais de redes de supermercado em locais onde antes havia um "deserto alimentar" ou uma área que sempre teve acesso limitado a alimentos nutritivos e com preço acessível. Apesar da necessidade de mercados e de outros bens e serviços, é comum demais que empresas apenas invistam nessas vizinhanças quando a dinâmica populacional da área fica mais branca, outra manifestação do racismo institucional.

QUESTÕES PARA REFLETIR

- Você já sabia que raça é um conceito inventado? Converse ou escreva sobre como isso muda seu entendimento de raça e racismo, e como eles afetam você.

- Você já sabia que o racismo se manifesta de modos diferentes e em níveis distintos? Como esse entendimento pode mudar sua abordagem ao antirracismo? Se você já sabia disso, como esse saber orientou sua abordagem ao antirracismo?

- Você já disse coisas interpessoalmente racistas, como as descritas nas páginas 117 a 119? Se sim, o que fará para evitar fazer esse tipo de comentário no futuro?

- Todos internalizamos o racismo. Como você abordará e desaprenderá suas crenças sobre si e sobre os outros relacionadas à raça?

- Dê um exemplo de cada tipo de racismo (intrapessoal, interpessoal e institucional) que você já testemunhou ou vivenciou.

CAPÍTULO 6

APRENDA MAIS SOBRE SEXO, GÊNERO E ORIENTAÇÃO SEXUAL

Sexo, gênero e orientação sexual são elementos relacionados, porém distintos, da identidade humana que são importantes de entender e afirmar e sobre os quais devemos aprender mais. No nível mais básico, que expandiremos depois neste capítulo, *sexo* está relacionado às características sexuais de alguém, como seus cromossomos antes de nascer e genitália externa ao nascer; o *gênero* tem a ver com nosso conceito íntimo de identidade; e a *orientação sexual* (também chamada sexualidade) se relaciona à atração romântica ou sexual (ou a falta dela) por outras pessoas. Por exemplo, meu sexo é "feminino", meu gênero é "mulher" e minha orientação sexual é "bissexual". Essas facetas da minha identidade podem ser a base de quem somos como pessoas, mas nem sempre podem ser definidas de forma concreta — quem somos muita vezes desafia categorização e linguagem. Como pessoas, não podemos simplesmente ser reduzidas a esses rótulos, mas eles podem nos ajudar a entender a nós mesmas. Os entendimentos e sentimentos que temos quanto a nosso próprio sexo, gênero e sexualidade podem ser simples, complicados ou algo entre esses extremos, e podem mudar com o tempo.

Sexo, gênero e orientação sexual não são binários, mas infelizmente muitas vezes acredita-se — incorretamente — que eles o sejam. *Binário* significa "algo feito de duas partes" ou "uma divisão entre dois grupos considerados completamente opostos". Se sexo, gênero e orientação sexual fossem binários (o que certamente não são), isso significaria que há apenas dois sexos (feminino/masculino), dois gêneros (mulher/homem) e duas orientações sexuais (hétero/gay). Mas esse não é o caso. Na verdade, há muitos sexos, gêneros e sexualidades, todos reais, genuínos e válidos. Em termos de sexo, não há um binarismo de "masculino" e "feminino", mas um caleidoscópio de possíveis combinações de características sexuais. Em termos de gênero, "homem" e "mulher" não são as únicas realidades — pessoas não binárias e agêneras existiram por toda a história da humanidade. Em termos de sexualidade, apesar do que a mídia e muitas instituições defendem, há muitas maneiras de se amar e estar no mundo fora do âmbito estreito da heterossexualidade e da cisnormatividade.

Entendimentos populares de sexo, gênero e sexualidade são baseados em suposições, e incontáveis erros foram cometidos no processo de formação dessas suposições. Em comparação com toda a história humana, essas suposições só existem há pouco tempo. Muitas pessoas

APRENDA MAIS SOBRE SEXO, GÊNERO E ORIENTAÇÃO SEXUAL 127

presumem, incorretamente, que ser hétero, cisgênero e homem ou mulher é a única forma de ser humano. Há muitos motivos para isso, mas em seu âmago se resumem à construção social, que descreve os modos como os seres humanos organizam a sociedade para apoiar suas suposições sobre a humanidade. Quando consideramos, porém, o fato de que um número muito limitado de pessoas no poder pôde ditar essas suposições, fica claro que a organização da sociedade foi baseada nos pressupostos de poucos, não na realidade de muitos.

Há muitos construtos sociais nocivos referentes a sexo, gênero e orientação sexual, sendo os mais notáveis a cisnormatividade, o patriarcado, o sexismo e a heteronormatividade. A *cisnormatividade* é a construção social que reforça a ideia do binarismo de gênero e centra a experiência cisgênero como o "padrão" da vida humana. *Cisgênero* é um adjetivo que significa "alguém que se identifica com o gênero recebido ao nascer", enquanto transgênero é um adjetivo que significa "alguém que não se identifica com o gênero recebido ao nascer". A cisnormatividade incorretamente considera transgêneros, agêneros, não binários e gênero não conformistas como "inferiores" e/ou "anormais", o que é nocivo e falso. O *patriarcado* é uma forma de organização social que coloca homens e pais em posições de poder nas estruturas familiares e sociais. Nem todas as sociedades são patriarcais, e a patriarcal não é a forma de organização social mais bem-sucedida, porém o patriarcado é dominante em muitas culturas. As instituições criadas para exaltar e sustentar o patriarcado dificultam ainda mais que pessoas que não sejam homens cisgênero tenham poder. O patriarcado é mantido pelo *sexismo*, que é o preconceito, estereotipagem ou discriminação contra pessoas de acordo com sexo e/ou gênero, e embora o sexismo possa atingir qualquer pessoa, ele afeta desproporcionalmente mais mulheres e qualquer um que não seja um homem cis. A *heteronormatividade* é a noção de que indivíduos de gênero binário devem se unir àqueles do "gênero oposto" para formarem conexões e relacionamentos válidos, o que defende a ideia do binarismo de gênero e deslegitima pessoas e relacionamentos LGBTQ+. Os construtos sociais de cisnormatividade, patriarcado, sexismo e heteronormatividade podem ser vistos em medidas políticas e governamentais, normas sociais, mídias como filmes e séries de TV, comunicações interpessoais, anúncios e propagandas (incluindo a atribuição desnecessária de gênero a produtos como roupas de bebês codificadas por cores e sabonetes rotulados "para homens"), entre outros.

Ao aprender sobre esses assuntos e discuti-los, é crucial abordá-los com consciência e lembrar que não precisamos entender as experiências ou identidades de outras pessoas para respeitá-las. Ninguém deveria precisar justificar sua existência ou realidade, nem precisar "provar" que merece respeito. Seja por leis e políticas, pseudociência ou atitudes sociais prevalecentes, qualquer um que exista fora dessa visão estreita de sexo, gênero e sexualidade pode enfrentar grandes desafios. Neste capítulo, exploraremos o sexo para além do binarismo, o gênero no decorrer da história e por diversas sociedades e o caleidoscópio da sexualidade.

SEXO

Como a maioria das pessoas, fui erroneamente ensinada a crer que há dois sexos, que sexo é baseado em corpos e órgãos genitais e que ele é imutável e inerente a nossa identidade. No entanto, sexo é algo bem mais complicado do que fomos levados a acreditar. O antropólogo biológico, sociólogo, geneticista evolucionário e pensador crítico sobre raça Dr. Shay-Akil McLean define sexo como uma determinação feita pela aplicação de critérios biológicos (ou características sexuais) socialmente aceitos de genitália no nascimento e de cariotipagem antes do nascimento. Na prática, a testagem genética necessária para determinar os cromossomos de alguém antes do nascimento é incomum e cara. O sexo dos bebês é definido principalmente (e muitas vezes exclusivamente) pela aparência de seus órgãos genitais quando nascem, observados por alguém presente no parto (geralmente uma pessoa médica, enfermeira ou parteira). Características sexuais são extremamente diversas e complexas. Embora a maior parte das lições sobre sexo apontem os cromossomos ou pares do cariótipo como XX para fêmea e XY para macho, essas não são as únicas possibilidades. Mesmo ao aprender mais sobre essa conversa complexa, é importante lembrar que grande parte da linguagem e do entendimento ainda estão evoluindo. À medida que a ciência

APRENDA MAIS SOBRE SEXO, GÊNERO E ORIENTAÇÃO SEXUAL 129

apoia esses entendimentos melhorados, muitas instituições tentam, de forma destrutiva, limitar nosso entendimento de sexo ao binário eurocolonial incorreto e antiquado.

A crença de que o corpo físico ou biológico é inerente a quem somos é uma mentira que pode ser traçada a filósofos como Aristóteles e Sócrates. Similar à invenção da raça, a ideia da diferença em termos de sexo e características sexuais não foi criada como uma ideia neutra. Foi dado um valor hierárquico ao sexo, e no contexto da ideologia aristotélica, isso significava que mulheres eram versões "deterioradas" ou "degeneradas" dos homens. A definição de Aristóteles sobre cidadania incluía claramente "ter um pênis". As ideias errôneas desses antigos filósofos foram codificadas em doutrinas religiosas e jurídicas, e reforçadas em todo o mundo por meio da colonização europeia dos anos de 1500 a 1800. Durante o século XIX, a noção moderna do binarismo sexual foi codificada pela "ciência". É importante lembrar que a ciência não é imune a influências políticas. Por exemplo, a pseudociência racista alegou erroneamente não apenas a existência de raças biológicas distintas como também de traços sexuais racialmente distintos. O tamanho e a aparência de órgãos sexuais, por exemplo, ainda são falsamente racializados, o que leva à fetichização de todas as pessoas racializadas.

O sexo não se limita às características sexuais dos cromossomos, e pares de cromossomos não são exclusivamente XX ou XY. Na verdade, há *muitos* pares de cromossomos. A seguir estão os seis pares de ocorrência mais comum que resultam no que podemos entender como um aspecto das características sexuais.

- **X**: Ocorre em cerca de 1 a cada 2.000–5.000 pessoas
- **XY**: Comumente entendido como macho
- **XYY**: Ocorre em cerca de 1 a cada 1.000 pessoas
- **XXXY**: Ocorre em cerca de 1 a cada 18.000–50.000 pessoas
- **XX**: Comumente entendido como fêmea
- **XXY**: Ocorre em cerca de 1 a cada 500–1.000 pessoas

130 LEIA ISSO E APRENDA

Além dos cromossomos, características sexuais também são entendidas como hormônios, órgãos genitais externos e internos (também chamados de órgãos sexuais) e características sexuais secundárias, como seios e pelos corporais, todos existentes em um espectro. Os hormônios estrogêneo e testosterona muitas vezes são mencionados incorretamente como hormônios sexuais femininos e masculinos, respectivamente. Na verdade, todos os humanos têm níveis variáveis de estrogêneo, testosterona e diversos outros hormônios. Muitas pessoas (incluindo eu!) têm órgãos genitais que não se alinham perfeitamente ao que se pode ver em livros médicos. Isso porque não há uma aparência uniforme para a vulva, os lábios vaginais, o clitóris, o escroto ou o pênis. Além disso, o tamanho e a aparência desses traços sexuais pode variar muito. Internamente, há testículos, ovários e ovotestis, todos podendo parecer diferentes para os humanos que os têm. Ademais, a maioria dos humanos tem quantidade variável de pelos no corpo e tecido mamário (a lactação pode até ocorrer conforme o necessário pelo continuum de sexo e gênero). Nossa genitália pode ser tão diversa quanto os demais aspectos do corpo humano, como narizes, olhos e mãos, e não devemos apagar essas diferenças apenas por não se conformarem ao que o eurocolonialismo e o supremacismo branco definiram como válido ou "normal".

Intersexo é um termo guarda-chuva para pessoas cujos corpos não se conformam às combinações binárias de características sexuais. É importante aprender mais sobre pessoas intersexo entendendo que há muitas maneiras pelas quais as características sexuais se apresentam e se desenvolvem ao longo de nossa vida. De acordo com o *Intersex Justice Project* (Projeto de Justiça Intersexo), há mais de 30 variações conhecidas de intersexo. Crianças e adolescentes intersexo costumam ser submetidas à violência médica sob a forma de cirurgias invasivas e desnecessárias que priorizam conformar corpos diversos a um binarismo antiquado em vez de basearem o cuidado na saúde, no bem-estar e na autonomia das pessoas intersexo. Sem testagem genética, não há como saber quais são nossos cromossomos, e estes se tornaram um aspecto cada vez mais enfatizado das características sexuais desde que o genoma humano chegou mais perto de ser totalmente sequenciado em 2001.

APRENDA MAIS SOBRE SEXO, GÊNERO E ORIENTAÇÃO SEXUAL 131

Como explica o Dr. McLean, o discurso de sexo e gênero não está enraizado na ciência, mas em dinâmicas de poder. Em vez de liberar a humanidade de definições antiquadas de sexo e gênero, instituições e indivíduos continuam a forçar qualquer um que exista fora de um binarismo para dentro dele, o que faz cada vez menos sentido à medida que o tempo passa. Sabemos que pessoas transgênero, não binárias e intersexo (que podem ser cisgênero, não binárias e transgênero) sempre existiram e ainda existem, porém o construto da cisnormatividade impede um número excessivo de pessoas de aceitarem e abraçarem essas verdades. A cisnormatividade e o binarismo de sexo agridem a todos sistematicamente. É importante que entendamos variações humanas simplesmente como variações humanas, não "anomalias" ou "anormalidades", pois não existe um corpo humano "normal" ou "padrão".

GÊNERO

Segundo a definição McLean-Imani desenvolvida por mim e pelo Dr. Shay-Akil McLean, gênero é uma gama de características mentais e comportamentais que se relacionam com, diferem de e vão além dos entendimentos de masculinidade, feminilidade e neutralidade. É importante observar que o gênero não é binário, nem é a "expressão social" do binarismo sexual eurocolonial. O gênero é um aspecto de nossa identidade pessoal, e como explicado por Alok Vaid-Menon, que é não conforme em gênero e especialista em estudos de gênero, "gênero não é a aparência de uma pessoa segundo os outros; é o que sabemos que somos." Esse entendimento é fundamental para todo o diálogo sobre gênero. Se uma pessoa expressa ou não sua identidade de gênero (ou se tem uma), isso depende dela, não de expectativas ou de ordens externas. Ao trabalharmos por um mundo mais humanista, solidário e esperto, teremos que ter em mente que é nossa responsabilidade reconciliar quaisquer mal-entendidos ou desconfortos que tenhamos sobre outras pessoas, não cabendo àqueles que existem fora de nossos próprios crescentes entendimentos provar para nós sua humanidade.

132 LEIA ISSO E APRENDA

O binarismo de gênero, ou a crença incorreta de que há dois gêneros distintos e opostos, é uma invenção eurocolonial que prescreve como devemos existir, nos comportar, interagir, nos regular e nos organizar. Em seu texto basilar, *A Invenção das Mulheres: Construindo um Sentido Africano para os Discursos Ocidentais de Gênero*, a pesquisadora de gênero Dra. Oyèrónké Oyěwùmí demonstra quenas sociedades africanas pré-coloniais, as pessoas eram organizadas por idade, não gênero. Muitas linguagens, como o iorubá, não tinham gênero. A sociedade iorubá não impunha uma hierarquia política ou social às pessoas com base em suas características sexuais até que a colonização europeia forçou os binarismos de sexo e gênero aos povos iorubás por meio de violência, genocídio e escravização. Até a categoria "mulher" só foi introduzida e implementada nas sociedades africanas pelos regimes dos invasores europeus. Ao estabelecer uma hierarquia social baseada em "dois sexos distintos e opostos" e criar a necessidade moral de seres humanos se considerarem metades de um todo, os colonizadores garantiram que teriam uma população nativa controlada para escravizar e explorar como força de trabalho. Dessa forma, o binarismo de gênero tornou-se uma maneira bem literal de controlar os meios de produção — a reprodução humana.

Porém, em muitas sociedades nas quais o gênero foi usado como forma de organização social, ele não era entendido como binário. Identidades de gênero, como pessoas dois-espíritos em várias nações indígenas da América do Norte, pessoas hijra no sul da Ásia e diversas outras identidades de gênero não binárias pré-coloniais, ainda existem hoje e se esforçam para se reconstruírem e se curarem da violência colonizatória. O supremacismo branco eurocolonial definiu não apenas o que constituía "humano", mas também "mulher" e "homem", e as três definições foram implicitamente codificadas para incluir apenas brancos e excluir pessoas racializadas. As expressões de gênero dos povos indígenas foram reguladas por leis, políticas e violência por meio da escravização, do colonialismo e do imperialismo. Em seu livro *Política Sexual Negra*, a Dra. Patricia Hill Collins trata das maneiras pelas quais negros nos EUA foram e continuam sendo policiados por como expressamos gênero. Por esse motivo e pelo fenômeno que a pesquisadora Dra. Moya Bailey chama de *misogynoir* ("misoginegra"), mulheres negras são vistas como inerentemente

APRENDA MAIS SOBRE SEXO, GÊNERO E ORIENTAÇÃO SEXUAL **133**

masculinas, agressivas e menos "desejáveis" do que outras mulheres racializadas ou brancas. *Misogynoir* é a fusão das palavras *misogyny* ("misoginia", "ódio a mulheres") e *noir* ("negro" em francês). A misoginegra é perpetuada pela mídia, pela política e pela lei, todas arenas nas quais a supremacia branca passou a ser mantida e imposta no que tange ao gênero.

Apesar da violência histórica e atual infligida pelo binarismo de gênero, há comunidades e pessoas que estão prosperando e se veem como fora do binarismo de gênero eurocolonial, e até fora do gênero em si. O gênero nem sempre existiu, e nem sempre foi binário. Nossa sociedade deve refletir sobre o fato de que seres humanos existem com diversidade e combinações infinitas, e que essa diversidade se estende a identidades e expressões de gênero.

IDENTIDADE, PAPÉIS E EXPRESSÃO DE GÊNERO

Para tornar nosso entendimento de gênero mais concreto, devemos aprender mais sobre identidade, papéis e expressão de gênero. Gênero é uma gama de características mentais e comportamentais que se relacionam, diferem de e vão além dos entendimentos sobre masculinidade, feminilidade e neutralidade, e *identidade de gênero* é como percebemos ou entendemos nosso gênero, quando o temos. (Eu continuo a enfatizar que nem todos têm identidade de gênero, pois discussões sobre gênero muitas vezes pressupõem que ele é inerente ao que significa ser humano. Essa suposição é resultante do eurocolonialismo e não é correta.) Quando eu nasci, meu sexo foi definido como "feminino" e ao mesmo tempo me deram o gênero "menina" com base na aparência de minha genitália externa. Minha identidade de gênero é "mulher". Como o gênero que me foi dado e minha identidade de gênero são definidos socialmente como "iguais", sou cisgênero. (*Cis* significa "deste lado de".) "Transgênero" é um adjetivo que descreve uma pessoa que não se identifica com o gênero recebido ao nascer. (*Trans* significa "para o outro lado de ou no outro lado de".) Como mulher cisgênero, sou alvo de sexismo e do patriarcado, porém simultaneamente me beneficio de privilégios cisgênero, pois, como pessoa cis, sou considerada normativa na sociedade. No entanto, normativo não significa "normal". Não há modo "padrão" ou "normal" de ser humano.

Embora muitos de nós estejam mais familiarizados com as identidades de gênero "homem", "mulher" e até "não binária", há uma infinidade de nomes para incontáveis outras identidades de gênero, incluindo gênero fluido, *genderqueer*, bigênero, demigênero, entre outras. Mesmo dentro dessas identidades amplas não há apenas um modo de expressar qualquer identidade de gênero. Ao falar de identidade de gênero, é importante também considerar as implicações da linguagem que usamos. Como aprendemos no capítulo 1, de acordo com o teórico de gênero Jeffrey Marsh, termos como "preferência" ou "estilo de vida" há muito são usados para desconsiderar e deslegitimar pessoas LGBTQ+. A transfobia e o antagonismo contra *queers* devem ser abordados em conversas sobre identidade de gênero.

A identidade de gênero, como a identidade pessoal, é nossa verdade. Se alguém se identifica como mulher, é uma mulher. Quando consideramos nossas percepções sobre os outros como mais importantes do que a realidade deles, estamos não apenas efetivamente desumanizando como também corremos o risco de "malgenerizá--los" (errar seus gêneros), o que é nocivo. Kay P. Martinez, educadore de justiça, igualdade, diversidade e inclusão, explica que "malgenerizar é referir-se incorretamente ao gênero de uma pessoa presumindo, de forma errônea, o gênero dela ou usando pronomes incorretos." Se tivermos em mente a abordagem do respeito mútuo, ou ubuntu, saberemos que é mais importante interagir com as pessoas e honrá--las nos termos *delas*, não nos nossos. O objetivo é que a identidade pessoal de alguém seja refletida e honrada socialmente, e fazer suposições pode ser desrespeitoso e prejudicial a seu senso de identidade.

Papéis de gênero descrevem as expectativas e suposições criadas pela sociedade sobre comportamentos, características, interesses, maneirismos, modos de se vestir, moralidade e valor impostas a diferentes identidades de gênero. Os papéis de gênero são regras explícitas ou implícitas sobre gênero que são policiadas interpessoal e institucionalmente. Papéis de gênero estereotípicos incluem noções

APRENDA MAIS SOBRE SEXO, GÊNERO E ORIENTAÇÃO SEXUAL 135

infundadas como mulheres serem "maternais" e homens serem "orientados pela carreira". Embora papéis de gênero sejam profundamente restritivos, muitas pessoas se sentem felizes e livres ao participarem de aspectos de expectativas mais tradicionais de gênero, e está tudo bem. O problema real desses papéis é como eles podem ser opressivos. Graças a eles, o gênero dado, aparente ou real de alguém, pode ditar tudo, de quanto a pessoa pode ganhar financeiramente a se ela pode sofrer violência, que roupa é "aceitável" usar, como sua existência é valorizada ou não e até como deve se expressar, mover, falar e viver. Apesar de parecerem fatos concretos de como a humanidade deve funcionar, papéis de gênero e as expectativas associadas a eles são fluidos de acordo com tempo, contexto, cultura e região.

A *expressão de gênero* descreve as formas pelas quais expressamos (ou não) nossa identidade de gênero (se a temos). Um entendimento incorreto de expressão de gênero defende que homens devem expressar ou exercer a "masculinidade", mulheres a "feminilidade" e pessoas não binárias a "neutralidade". Porém, na realidade, não há uma única forma de ser, agir ou "parecer" um homem, uma mulher, uma pessoa não binária ou de qualquer gênero. Se você é homem, parece um homem. Se você é mulher, parece uma mulher. Se você é não binárie, parece não binárie. Masculinidade, feminilidade e neutralidade são amplas e abstratas. Séculos antes de sapatos de salto alto tornarem-se *stilettos*, símbolo da feminilidade, homens da nobreza europeia usavam saltos para parecerem mais altos e mais importantes do que os outros desde o século XV. Embora expectativas e pressupostos de gênero eurocoloniais possam levar as pessoas a crerem erroneamente que a masculinidade não pode ser expressa com batom vermelho e saltos, os soberanos europeus responsáveis por assolar o mundo com essas definições de masculinidade se vestiam regularmente de forma que eu consideraria "totalmente *drag*", com maquiagem rebuscada, perucas polvilhadas e perfumadas e roupas decorativas, sem outra utilidade que não parecerem chiques. No entanto, quando homens brancos e cis participam de expressões não conformes de gênero, são elogiados, enquanto pessoas *genderqueer* e racializadas são agredidas e sofrem violência em nível desproporcional. Papéis, expectativas e suposições de gênero reforçam o binarismo ao ditar as formas de expressão de gênero que são consideradas válidas, aceitáveis e respeitáveis.

Ao analisarem a ideia de um binarismo de gênero, educadores e tabelas muito simplificadas podem indicar que o gênero é um espectro, e isso pode ser entendido como uma forma poética de explicar o gênero em larga escala. No entanto, entender a gama de expressões e identidades de gênero como pontos em uma escala — com *homem* e *masculino* de um lado, *não binárie* e *neutro* no meio e *mulher* e *feminino* do outro lado — pode fazer com que muita gente suponha que pessoas não binárias existem de algum modo "entre" homem e mulher. Para alguns indivíduos, isso pode ser verdade, mas para outros pode ser nocivo e incorreto. É importante criar espaço para a complexidade e as nuances, pois é isso que torna a experiência humana tão linda. Em vez de pensar em gênero como um espectro no qual há apenas um eixo x, pense nele como um universo totalmente dimensional com constelações, galáxias e nébulas representando as pessoas que podem compartilhar comunidades ou métodos similares de autoexpressão e autoentendimento.

ORIENTAÇÃO SEXUAL

A orientação sexual é uma parte distinta da identidade pessoal, separada de sexo e gênero. Também chamada de sexualidade, a orientação sexual é a parte de nossa identidade pessoal que se relaciona à nossa atração física, sexual, romântica ou emocional por outras pessoas. O modo como entendemos e formamos essas atrações pode orientar como descrevemos nossa orientação sexual. Para muitos, descrever, nomear ou rotular a orientação sexual pode ser uma maneira útil de se entender e encontrar uma comunidade. Ao mesmo tempo, muitas pessoas não nomeiam, descrevem ou rotulam sua orientação sexual, e essa também é uma forma válida de se entender. É importante lembrar que quem somos às vezes vai além de palavras e definições.

Quando adolescente, eu pensava incorretamente que a heterossexualidade era o "padrão" e que quem não era hétero precisava descobrir sua orientação sexual e *precisava* contar aos outros em sua vida sobre ela ou arriscaria "viver uma mentira". Isso era, em parte, porque todos os personagens *queers* que eu via na TV tinham um episódio de saída do armário bem proeminente e dramático, e por causa do

APRENDA MAIS SOBRE SEXO, GÊNERO E ORIENTAÇÃO SEXUAL 137

construto social opressivo da heteronormatividade. Como dito antes, *heteronormatividade* é a ideia de que indivíduos com gênero binário devem formar pares com o "gênero oposto" para ter conexões e relacionamentos válidos. A heteronormatividade defende a ideia de binarismo de gênero, considera relacionamentos de "gêneros opostos" (às vezes confundidos com a ideia, também incorreta, de "sexo oposto") ou heterossexuais como os únicos aceitáveis, e ao mesmo tempo deslegitima pessoas e relacionamentos LGBTQ+. Até usar o termo em inglês *"straight"* ("reto", "direito", usado como sinônimo de "hétero") para descrever uma orientação sexual é um reflexo da heteronormatividade. Na gíria estadunidense de 1940, *"straight"* significava ao mesmo tempo alguém "convencional", "que não demonstrava desvios" ou "adequado", e foi então que o termo foi usado pela primeira vez como sinônimo de heterossexualidade. Durante a década de 1940, o Dr. Alfred Kinsey, o Dr. Wardell Pomeroy e o Dr. Clyde Martin também publicaram a *Heterosexual-Homosexual Rating Scale* (Escala de classificação heterossexual-homossexual), popularmente conhecida como a Escala de Kinsey, que foi usada para localizar a orientação sexual das pessoas em uma escala de 0 (exclusivamente heterossexual) a 6 (exclusivamente homossexual). Embora a escala seja aclamada como um avanço no entendimento da sexualidade humana (particularmente ao legitimar e promover a noção revolucionária de que gays existem), ela também foi usada para justificar políticas, leis e atitudes homofóbicas que ainda permeiam a sociedade. Similar a como as definições eurocoloniais dominam os entendimentos de gênero e sexo, a Escala Kinsey criou literalmente um critério de avaliação baseado apenas nas experiências de homens brancos estadunidenses, com pesquisa e análise conduzidas por homens brancos estadunidenses. Embora a escala tenha sido revolucionária na época, a natureza complexa da sexualidade humana não pode nem deve ser entendida com base apenas em experiências, atos e parceiros sexuais prévios. Entender a orientação sexual como o binarismo de hétero e gay não apenas apaga a bissexualidade (ou a define como ser meio gay e meio hétero) e outras orientações sexuais, mas também reforça a ideia incorreta de que quem somos é baseado e determinado pelo ato sexual.

A Escala de Kinsey foi o primeiro recurso que encontrei quando eu estava decidindo se sairia do armário e o que isso significaria para mim. Usando as pessoas pelas quais eu havia me sentido atraída durante a vida no lugar de "histórico sexual", eu me posicionei na escala como 4, "predominantemente homossexual, porém mais do que ocasionalmente heterossexual", e deduzi que era lésbica. Quando revelei minha sexualidade para minha mãe, inicialmente o fiz como lésbica, mas depois de conversarmos a respeito, ela sugeriu que pesquisássemos sobre a "bissexualidade", pois poderia ser uma melhor definição sobre a minha orientação sexual. Graças ao "GLAAD Media Reference Guide" (Guia GLAAD de referência para a mídia), pude aprender o que significava "bissexual" e, é importante notar, ver a frase "bissexuais não precisam ter tido experiências sexuais iguais com homens e mulheres; na verdade, não precisam ter tido nenhuma experiência sexual para se identificarem como bissexuais." Aquilo me pareceu certo, e até hoje descrevo minha orientação como bissexual. Sou alguém que se sente afirmada e encorajada por ter uma forma de descrever minha sexualidade, embora nem todos se sintam assim.

Há infinitas identidades sexuais, e modos infinitos de descrevê--las. Ao aprendermos mais sobre a orientação sexual, é importante sabermos como falar sobre ela e que palavras usar. A palavra *homossexual*[*] não é uma forma neutra usada para descrever pessoas que se sentem atraídas por outras de mesmo gênero — na verdade, é um termo arcaico que deve ser evitado. Há um histórico de instituições como a Associação Americana de Psiquiatria usarem "homossexualismo" para diagnosticar a atração pelo mesmo gênero como um (inexistente) transtorno mental e de pessoas homofóbicas terem usado a palavra para desumanizar as pessoas LGBTQ+. O termo *queer* também foi usado com propósitos homofóbicos, transfóbicos e antagonistas a LGBTQ+, e ainda pode ser usado dessa forma, dependendo do contexto. No entanto, "*queer*" também está sendo cada vez mais usado como um termo reapropriado (que é quando uma comunidade reorienta um termo derrogatório, tornando-o afirmativo) e uma identidade guarda-chuva no lugar do acrônimo LGBTQ+. Não há consenso no uso desse termo, no entanto, o que devemos ter em

---

* Nesta seção, a autora discute o termo "homossexual" no contexto estadunidense. No Brasil, a palavra não parece ter conotação negativa, ao menos não em geral e no momento desta tradução. Vale, porém, refletir sobre as ideias apresentadas. [N. da T.]

mente — nem todas as pessoas LGBTQ+ se identificam como *queer* ou se sentem respeitadas pelo uso dessa palavra, mas em geral ela é considerada aceitável dentro da comunidade e quando usada por ela. Além disso, frases ultrapassadas, como "escolha de vida", "preferência sexual" e variantes similares, devem ser evitadas, pois tais termos subentendem, erroneamente, que ser qualquer coisa além de heterossexual é menos válido, menos real e não merecedor de respeito.

Dependendo de nossos contextos individuais, a orientação sexual pode ou não ser parte central da identidade pessoal, incluindo para pessoas que se identificam no espectro assexual (ace). A heteronormatividade geralmente leva as pessoas a crerem, incorretamente, que a orientação só é preocupação de quem não é hétero, mas a heterossexualidade é em si uma orientação sexual.

IDENTIDADE LGBTQ+

O acrônimo completo LGBTQ+ (lésbica, gay, bissexual, transgênero, *queer* e mais) geralmente é usado para se referir a uma pessoa ou grupo pertencente à vasta comunidade fora das definições hétero e cisnormativas do que significa amar e viver. Dentro da comunidade, identidades LGBTQ+ muitas vezes são referenciadas como "identidades *queer*", e "LGBTQ+" e "*queer*" são muitas vezes usadas com o mesmo sentido (embora, como já mencionado, não haja consenso dentro da comunidade LGBTQ+ sobre o termo "*queer*" devido a seu uso histórico pejorativo). O sinal de "mais" se refere às muitas outras identidades, como não binária, pansexual, dois-espíritos, intersexo, assexual e questionando, que também são parte da comunidade. Às vezes o acrônimo é escrito como LGBTQIA+ especificamente para incluir as comunidades intersexo e assexual. Quando o "A" é usado no acrônimo, observe que ele definitivamente não significa "aliados", pois aliados (pessoas que apoiam a comunidade mas não são parte dela) não devem ter papel central em uma comunidade da qual não fazem parte. No entanto, a aparente ambiguidade do "A" pode permitir que pessoas que não revelam publicamente sua orientação sexual ou sua identidade de gênero justifiquem ou expliquem sua presença em eventos focados em LGBTQ+ ou em seus espaços comunitários.

140 LEIA ISSO E APRENDA

Para aprender mais sobre a comunidade LGBTQ+, é crucial reconhecer que não há um único modo de pertencer à comunidade, nem uma única maneira de definir as identidades que a formam. Há uma variação importante e necessária em como membros da comunidade LGBTQ+ se identificam. Alguns que sentem atração romântica e sexual por pessoas de dois ou mais gêneros podem se identificar como bissexuais, enquanto outros podem se identificar com identidades pansexual, polissexual ou onissexual e acrescentar mais especificidade a elas. O "P" de poli ou pansexual muitas vezes não é incluído no acrônimo LGBTQ+ devido a indivíduos e grupos de ódio anti-LGBTQ+ afirmarem falsamente que pedófilos (predadores que abusam sexualmente de crianças) são "parte aceita" da diversidade celebrada na comunidade LGBTQ+. Na verdade, essa é uma mentira transfóbica e homofóbica usada para estigmatizar pessoas que existem fora da cisnormatividade e da heteronormatividade como agressivas, perigosas e abusivas.

Cem lésbicas podem ter cem definições diferentes do que significa ser lésbica, e está tudo bem. Algumas pessoas no espectro assexual podem experimentar desejos sexuais, enquanto outras não. Todas essas variações de experiência e identidade são válidas. Honrar a diversidade do que significa ser humano também é honrar a diversidade interna às formas como entendemos e descrevemos a humanidade. A seguir está uma visão geral de alguns termos que podem servir de ponto de partida para entender identidades LGBTQ+. Tenha em mente que essas identidades não são as únicas ou as mais importantes partes da comunidade LGBTQ+, e que os termos não se aplicam universalmente a todos que pertencem a essas várias comunidades.

TERMINOLOGIA LGBTQ+

TERMO	DEFINIÇÃO
Agênero	Descreve uma pessoa que não tem gênero.

APRENDA MAIS SOBRE SEXO, GÊNERO E ORIENTAÇÃO SEXUAL 141

Assexual	Descreve uma pessoa que sente pouca ou nenhuma atração física, sexual, romântica ou emocional por outras pessoas. "Ace" é usado como abreviação para assexual, mas também como termo guarda-chuva que inclui "demissexuais" e "cinza/semissexuais", que podem estar em algum ponto do espectro entre a assexualidade e a alossexualidade (o oposto da assexualidade), e as definições podem diferir de pessoa para pessoa.
Bigênero	Descreve uma pessoa que tem duas identidades de gênero ou uma combinação de duas identidades de gênero.
Bissexual	Descreve uma pessoa que sente atração física, sexual, romântica ou emocional por dois ou mais gêneros.
Cisgênero	Descreve uma pessoa cuja identidade de gênero é igual ao gênero que recebeu ao nascer.
Demigênero	Descreve uma pessoa que tem conexão parcial, mas não total, com uma ou mais identidades de gênero ou com o conceito de gênero.
Gay	Descreve uma pessoa que sente atração física, sexual, romântica ou emocional por pessoas do mesmo gênero. "Homossexual" é um termo arcaico e ofensivo devido ao histórico que a palavra tem de ter sido usada para patologizar e difamar pessoas gays.
Gênero fluido	Descreve uma pessoa cuja identidade de gênero varia com o tempo.
Heterossexual	Descreve uma pessoa que sente atração física, sexual, romântica ou emocional por homens caso seja mulher e por mulheres caso seja homem. O termo muitas vezes é definido como "que sente atração sexual pelo sexo oposto", confundindo sexo e gênero, que são distintos, e perpetuando o binarismo de gênero ao afirmar que há dois sexos que são "opostos", o que é incorreto.
Intersexo	Um termo guarda-chuva para pessoas cujos corpos não se conformam às combinações binárias de características sexuais. Tais características se apresentam e se desenvolvem durante nossas vidas, e há mais de 30 variações conhecidas de intersexo.

CONTINUA

142 LEIA ISSO E APRENDA

CONTINUAÇÃO

Lésbica	Descreve uma mulher que sente atração física, sexual, romântica ou emocional por outras mulheres. Outras definições de lésbica incluem "pessoa não homem que sente atração física, sexual, romântica ou emocional por não homens", embora a discussão sobre identidade de gênero e autodefinição na comunidade lésbica continue.
Não binárie	Descreve uma gama de identidades de gênero que não se conformam ao binarismo. O gênero não binário pode se relacionar com, diferir de e ir além dos entendimentos de masculinidade, feminilidade e neutralidade. A não binaridade pode ser entendida sob o guarda-chuva da identidade transgênero, embora nem todos não bináries sejam transgênero e nem todos os transgêneros sejam não bináries.
Onissexual	Descreve uma pessoa que sente atração física, sexual, romântica ou emocional por todos os gêneros.
Pansexual	Descreve uma pessoa que sente atração física, sexual, romântica ou emocional por pessoas não importando seu gênero.
Polissexual	Descreve uma pessoa que sente atração física, sexual, romântica ou emocional por muitos gêneros.
Queer	Denota ou se relaciona a orientações sexuais e identidades de gênero que não correspondam à heteronormatividade ou à cisnormatividade.
Transgênero	Descreve uma pessoa cuja identidade de gênero difere do gênero recebido ao nascer.
Dois-espíritos	Um termo guarda-chuva usado por algumas nações, tradições e culturas indígenas norte-americanas para descrever pessoas que existem fora da cisnormatividade e/ou da heteronormatividade e/ou de definições colonizadas de gênero e sexualidade. Ser LGBTQ+ e indígena não define alguém automaticamente como dois-espíritos. (Note que esse termo não deve ser usado por pessoas não indígenas.)

Ao nos esforçarmos para entender a nós mesmos, podemos nos identificar mais com uma identidade ou terminologia com a qual não nos associávamos antes, e vice-versa. O entendimento e a formação de nossas identidades pessoal e social estão constantemente em fluxo. Você não precisa se identificar com qualquer um desses termos — pode apenas ser você. A linguagem está sempre evoluindo e é bem possível que um rótulo se adéque a você e outro não, e isso pode mudar durante a sua vida. Nomes, rótulos e descrições são apenas palavras, e como qualquer palavra, são usados para comunicar uma ideia ou experiência em particular. Rótulos ajudam algumas pessoas a conceitualizarem quem são e podem ajudar a construir um senso de comunidade. Dito isso, gênero e sexualidade são muito complexos, e para você, os rótulos podem ser mais limitantes do que libertadores. Você não precisa se rotular para validar a si ou as suas vivências, e não precisa entender as experiências, autodefinições ou identidades de outras pessoas para tratá-las com respeito e dignidade.

SAINDO DO ARMÁRIO

Sair do armário não significa apenas compartilhar nossas identidades LGBTQ+ com outras pessoas — também é uma jornada de autoconhecimento, autodefinição e autoaceitação. Voltando ao conceito de identidades pessoal e social, devemos lembrar que quem somos no contexto de nossa identidade pessoal (o modo como nos entendemos) é legítimo não importando se é algo que pode ser expresso ou aceito como parte de nossa identidade social (o modo como os outros nos percebem). Embora seja um aspecto muito enfatizado da identidade LGBTQ+, sair do armário não é obrigatório, necessário ou sempre possível para todos em nossa comunidade. Podemos revelar nossa identidade de gênero e depois nossa orientação sexual, ou vice-versa, ou não revelar nada. Tanto faz sair do armário quando mais jovem ou mais tarde na vida; qualquer linha do tempo que funcione para você é a certa. É importante dizer que pessoas LGBTQ+ não precisam se revelar para viverem de forma autêntica ou serem válida e genuinamente LGBTQ+.

Muitas pessoas e instituições costumam pôr nas pessoas LGBTQ+ a responsabilidade de declararem suas identidades em vez de destruírem a suposição de que todos são ou deveriam ser héteros ou cisgênero. Ninguém pode dizer a ninguém como, quando ou se a pessoa deve se revelar aos outros. Sair do armário é um processo, e revelar-nos a nós mesmos é uma experiência linda que ninguém mais pode nos dar ou nos negar. A única história perfeita de saída do armário é aquela que acontece em nossas mentes e corações, pois esse processo ocorre em nossos termos. Aprender a nos validar não importando a aprovação ou rejeição dos outros é um presente importante que damos a nós mesmos.

Sobre se revelar a outras pessoas, a mídia costuma representar isso como um momento único, mas essa revelação não ocorre apenas uma vez. Eu saí do armário em diferentes contextos e em diferentes épocas. Aos 15 anos, revelei minha sexualidade para minha mãe. Ao longo da vida, revelei para colegas de trabalho, de classe, para amigos, parentes e parceiros. O caso que talvez seja mais proeminente, embora não o mais recente, foi quando eu (sem querer) saí do armário em um conhecido programa de entrevistas conservador da Fox News em 2017. No dia em que revelei minha sexualidade em rede nacional, eu me senti muito vulnerável. Sentir-se assim é comum para muitos que saem do armário, em particular quando o fazemos antes do planejado ou se somos expostos. Expor uma pessoa ou "tirá-la do armário" é uma circunstância nociva e violenta na qual outro alguém revela sua identidade sem seu consentimento. Embora toda pessoa LGBTQ+ deva ter o direito de decidir se, quando e como vai sair do armário, a infeliz verdade é que isso nem sempre ocorre como queremos. Tirar alguém do armário é uma forma de desumanização e bullying. Para evitar expor outras pessoas, é fundamental aprender mais sobre o que fazer quando alguém nos revela sua identidade.

Em 2008, quando aos 15 anos decidi que precisava sair do armário para minha mãe, aquilo me pareceu a experiência mais abaladora pela qual eu passaria na vida. Eu me senti pressionada pelas histórias de séries de TV, de filmes e da cultura popular para declarar minha verdade de forma dramática ou arriscar "viver uma mentira". Devemos reconhecer que usar frases como "esconder sua verdade"

APRENDA MAIS SOBRE SEXO, GÊNERO E ORIENTAÇÃO SEXUAL 145

ou "viver uma mentira" e outros eufemismos é fazer suposições maliciosas sobre por que uma pessoa pode não estar fora do armário ou assumir aberta e publicamente sua identidade LGBTQ+. No ensino médio, ao voltar para casa uma tarde, pedi, de forma bem veemente, que minha mãe parasse tudo que estava fazendo, viesse para a sala e se sentasse no sofá. Eu queria preparar o terreno para uma história de saída do armário ideal, como as que via em séries adolescentes famosas. Declarei explicitamente para minha mãe, que estava perplexa: "Mãe, eu sou lésbica", e prendi a respiração esperando sua resposta. Ela sorriu e disse: "Querida, você provavelmente é bissexual. Sempre teve quedinhas por meninas e meninos da escola. Que tal procurarmos o que significa 'bissexual' e aí você vê se faz sentido pra você?" Minha mãe sempre teve atitude positiva quanto a LGBTQ+, e isso transpareceu no modo como respondeu quando revelei a ela minha sexualidade. Se alguém confia o suficiente em você para compartilhar contigo uma parte de si que você antes não conhecia, isso é algo que deve ser considerado sagrado. Uma abordagem bem-intencionada, porém equivocada, de receber a revelação de alguém inclui minimizar a natureza profunda do que a pessoa está compartilhando com você. Mesmo se você já esperava ou supunha a orientação sexual ou a identidade de gênero de alguém, pode não ser apropriado revelar isso à pessoa, pois pode aumentar o sentimento dela de vulnerabilidade.

Conselho algum pode ser aplicado universalmente em todas as instâncias de saída do armário. Uma das maneiras mais claramente nocivas de responder a alguém que se revelou a você é rejeitar a pessoa, ridicularizá-la, desconsiderá-la ou expô-la a outras pessoas. Quando uma pessoa compartilha conosco sua mais profunda realidade e nós a rechaçamos, rejeitamos parte de sua humanidade. E embora o humor possa ser usado para deixar uma situação menos desconfortável, sair do armário costuma ser uma experiência séria e profunda que deve ser honrada como tal. Algumas saídas de armário podem ser definitivamente mais leves ou casuais, o que também é ok. Não importando como uma pessoa se revela a você, é importante responder de forma que pareça respeitosa, afirmativa e apropriada à situação. Quando em dúvida, perguntar "Qual é a melhor forma de eu te apoiar nesse momento?" é um modo direto e claro de determinarmos como ser afirmativos. Talvez o mais importante seja que aprender mais sobre sair do armário significa lembrar que quaisquer informações pessoais das quais nos tornamos cientes não se tornam imediatamente nossas para serem compartilhadas sem consentimento. Pessoas LGBTQ+ devem poder se revelar sob seus próprios termos. Frases de resposta como "Agradeço por compartilhar isso comigo" ou "Que bom que sente que pode ser vulnerável comigo" e perguntas como "Como se sente sobre isso?", "Já revelou isso a outras pessoas?" e "Como posso apoiar você?" são excelentes pontos de partida.

QUESTÕES PARA REFLETIR

- Sexo, gênero e orientação sexual são partes importantes da sua identidade? Por quê?

- Como a heteronormatividade (a ideia incorreta de que "hétero" é a única sexualidade "válida") se manifesta na sua vida?

- Você já sabia que o binarismo de gênero é uma invenção? Se sim, quando aprendeu isso? Se não, como isso muda seu entendimento?

- Você ou alguém que conhece já saiu do armário? Alguém já se revelou para você? Como suas experiências contrastaram com as representações midiáticas?

- Você aprendeu termos novos na tabela de terminologia LGBTQ+? Quais? Tem algum a acrescentar?

- Como papéis e expectativas de gênero impactam você no dia a dia?

- Como você descreve sua expressão de gênero? Ela mudou no decorrer da sua vida?

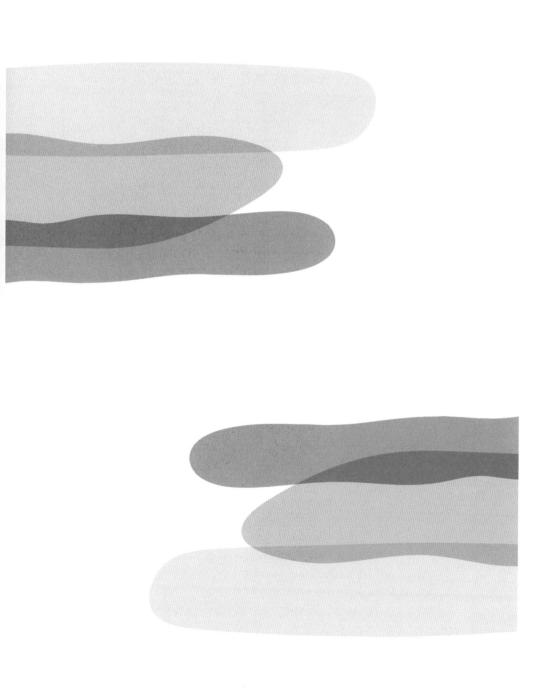

CONCLUSÃO

Parabéns! Você completou mais um passo no processo de aprender mais. Eu me sinto honrada por você ter decidido aprender comigo e junto a mim. No decorrer deste livro, aprendemos mais sobre história, sociologia, termos fundamentais e o contexto que orienta como entendemos a nós mesmos, aos outros e aos sistemas a nosso redor. Começamos com nós mesmos, examinando o papel de nossas identidades pessoal e social. Daí examinamos nossos relacionamentos e como eles devem ser construídos sobre uma base de respeito, confiança, compaixão e consentimento mútuos. Para desaprender as mentiras nocivas e substituí-las por verdades que curam, olhamos para fora, para as vivências, teorias e conceitos que moldam nossa sociedade.

Muitos dos assuntos sobre os quais aprendemos se sobrepõem e se interconectam. Quem somos e como percebemos, entendemos e tratamos os outros causam um efeito dominó que não pode ser subestimado. Seja sobre o papel do capacitismo e do racismo em nossas instituições, as consequências do binarismo de gênero e sexo ou até algo tão simples quanto nosso nome, para termos uma experiência humana mais solidária, informada e consciente, precisamos aprender mais. Nossa vida e nossas experiências foram definidas por construções sociais nocivas, arcaicas e incorretas impostas pela colonização europeia. Suposições que só funcionam para poucos devem ser substituídas pela realidade que honra muitos. A emancipação não significa apenas nos libertarmos de tais suposições, mas também o processo de identificarmos quem somos para além dessas definições limitadas. Não podemos simplesmente ver a emancipação como a ausência de opressão, mas como uma realidade toda nova que podemos criar juntos. Quando conseguirmos melhorar nossa compreensão, teremos um lugar melhor para o qual avançar.

Há outros assuntos sobre os quais podemos aprender mais, e espero que você continue sua jornada de aprendizagem com alegria, curiosidade e intenção de agir melhor. Nossa jornada está longe de terminar. Espero que após ler este livro você possa contar com uma gama ainda mais ampla de conhecimentos e ferramentas que lhe ajudarão a ir mais longe. Sejam esses assuntos novos para você ou sejam eles um desenvolvimento de seus conhecimentos anteriores, é possível continuar edificando saberes sobre essa base. Torço para que você continue a descobrir mais sobre si e sobre o mundo à sua volta, pois nunca terminaremos de aprender, e isso é uma bênção.

BIBLIOGRAFIA

CAPÍTULO 1

BAILAR, Schuyler. *Pronomes*. Entrevista por telefone feita pela autora. 16 fev. 2021.

BJORKMAN, Bronwyn M. Singular *They* and the Syntactic Representation of Gender in English. *Glossa: A Journal of General Linguistics,* vol. 2, nº 1, p. 80, 2017.

BROWN, Ayanna F.; LIVELY, Janice Tuck. 'Selling the Farm to Buy the Cow': The Narrativized Consequences of 'Black Names' from Within the African American Community. *Journal of Black Studies,* vol. 43, nº 6, p. 667–692, 2012. Disponível em: http://www.jstor.org/stable/23414664. Acesso em: 29 dez. 2020.

CARVALHO, Jean-Paul. Identity-Based Organizations. *American Economic Review,* vol. 106, nº 5, p. 410–414, 2016. Disponível em: http://www.jstor.org/stable/43861054. Acesso em: 28 dez. 2020.

FRYER, Roland G., Jr.,; LEVITT, Steven D. The Causes and Consequences of Distinctively Black Names. *Quarterly Journal of Economics*, vol. 119, nº 3, p. 767–805, 2004.

GOLDSWORTHY, Alison; HUPPERT, Julian L. Bleak Future Ahead. *Horizons: Journal of International Relations and Sustainable Development*, vol. 15, p. 60–69, 2020.

HAVILAND, William A.; PRINS, Harald E. L.; MCBRIDE, Bunny; WALRATH, Dana. *Cultural Anthropology*: The Human Challenge. 13. ed. Independence, KY: Cengage Learning, 2010.

IMANI, Blair. *Making Our Way Home*: The Great Migration and the Black American Dream. Emeryville, CA: Ten Speed Press, 2020.

KANG, Sonia K.; DECELLES, Katherine A.; TILCSIK, András; JUN, Sora. Whitened Résumés: Race and Self-Presentation in the Labor Market. *Administrative Science Quarterly*, vol. 61, nº 3, p. 469–502, 2016.

KYZER, Larissa. Icelandic Names Will No Longer Be Gendered. *Iceland Review*, 24 jul. 2019. Disponível em: https://www.icelandreview.com/news/icelandic-names-will-no-longer-be-gendered/. Acesso em: 16 fev. 2021.

LARSON, Carlton F. W. Naming Baby: The Constitutional Dimensions of Parental Naming Rights. *George Washington Law Review*, vol. 80, p. 159, 2011.

MACNAMARA, Jessica; GLANN, Sarah; DURLAK, Paul. Experiencing Misgendered Pronouns: A Classroom Activity to Encourage Empathy. *Teaching Sociology*, vol. 45, nº 3, p. 269–78. 2017. Disponível em: http://www.jstor.org/stable/26429227. Acesso em: 16 abr. 2021.

MARSH, Jeffrey. *Pronomes e Identidade Pessoal*. Entrevista por telefone feita pela autora. 10 jan. 2021.

MARTINEZ, Kay. Pronouns 101: Why They Matter and What to Do (and Not Do) If You Misgender Someone. *Medium*, 7 out. 2019. Disponível em: https://medium.com/awaken-blog/pronouns-101-why-they-matter-and-what-to-do-and-not-do-if-you-misgender-someone-cfd747c762d1. Acesso em: 16 fev. 2021.

MILO. *Nomes e transição*. Entrevista online feita pela autora. 29 dez. 2020.

MUHAMMAD, Ibrahim Abdullah. *Práticas de nomeação da Nação do Islã*. Entrevista por telefone feita pela autora. 27 fev. 2021.

NEIMAN, Fraser; MCFADEN, Leslie. Current Research at Monticello. *African Diaspora Archaeology Newsletter*, vol. 4, nº 2, p. 13, 1997.

BIBLIOGRAFIA 155

NORRIS, Stephen P.; ENNIS, Robert H. *Evaluating Critical Thinking*. The Practitioners' Guide to Teaching Thinking Series. Pacific Grove, CA: Critical Thinking Press and Software, 1989.

OLSON, Eric T. Personal Identity. *Stanford Encyclopedia of Philosophy*. Stanford University, primavera de 2021. Disponível em: https://plato.stanford.edu/archives/spr2021/entries/identity-personal/.

PILCHER, Jane. Names, Bodies and Identities. *Sociology*, vol. 50, nº 4, p. 764–779, 2016. Disponível em: https://www.jstor.org/stable/26555809. Acesso em: 29 dez. 2020.

SINCLAIR-PALM, Julia. 'It's Non-Existent': Haunting in Trans Youth Narratives about Naming. *Occasional Paper Series*, nº 37, p. 7, 2017.

STETS, Jan E.; BURKE, Peter J. Identity Theory and Social Identity Theory. *Social Psychology Quarterly*, vol. 63, nº 3, p. 224–237, 2000. DOI: 10.2307/2695870. Acesso em: 28 dez. 2020.

SUZUKI, Mami. A Long History of Japanese Names" *Tofugu*, 10 set. 2014. Disponível em: https://www.tofugu.com/japan/history-of-japanese-names/. Acesso em: 16 fev. 2021.

TÚBỌSÚN, Kọ́lá. Yoruba Names. *YorubaName*. Disponível em: https://www.yorubaname.com/. Acesso em: 10 fev. 2021.

TÚBỌSÚN, Kọ́lá. *Yoruba Names*. Entrevista por e-mail feita pela autora. 18 fev. 2021.

CAPÍTULO 2

BATTLE, Michael. *Ubuntu*: I in You and You in Me. Nova York: Seabury Books, 2009.

BERSCHEID, Ellen. The Greening of Relationship Science. *American Psychologist*, vol. 54, nº 4, p. 260, 1999.

BLOOM, Lauren M. *Art of the Apology*: How, When, and Why to Give and Accept Apologies. Nova York: Fine & Kahn, 2014.

COVINGTON, Stephanie S. *A Woman's Way Through the Twelve Steps*. Center City, MN: Hazelden Publishing, 2009.

DERLEGA, Valerian J. (ed.). *Communication, Intimacy, and Close Relationships*. Londres: Elsevier Science, 2013.

HELM, Bennett. Friendship. *In*: ZALTA, Edward N. (ed.). *Stanford Encyclopedia of Philosophy*, outono de 2017. Disponível em: https://plato.stanford.edu/archives/fall2017/entries/friendship.

IMANI, Blair; SOUSA, Diana; MCCAULEY, Kylie. Identifying Abuse. *Equality for HER*, 1º out. 2018. Disponível em: https://equalityforher.com/resources/identifying-abuse/. Acesso em: 10 jan. 2021.

IVES-RUBLEE, Mia. *Adoção transracial*. Entrevista por telefone feita pela autora. 8 fev. 2021.

JOHNSON DIAS, Janice. *Parent Like It Matters*: How to Raise Joyful, Change-Making Girls. Nova York: Ballantine Books, 2021.

LIM, S.; YOON, H. I.; SONG, K-H; KIM, E. S.; KIM, H. B. Face Masks and Containment of COVID-19: Experience from South Korea. *Journal of Hospital Infection*, vol. 106, nº 1, set. 2020, p. 206–207. Disponível em: https://www.ncbi.nlm.nih.gov/pmc/articles/PMC7291980/. Acesso em: 16 jan. 2021.

NGOMANE, Nompumelelo Mungi. *Everyday Ubuntu*: Living Better Together, the African Way. Londres: Transworld, 2019.

NKRUMAH, Kwame. *Consciencism*: Philosophy and Ideology for De-colonization and Development with Particular Reference to the African Revolution. Nova York: NYU Press, 2009. Disponível em: http://www.jstor.org/stable/j.ctvwrm4jh. Acesso em: 16 dez. 2020.

ROBB, Alice. Facebook Didn't Invent the Verb 'Unfriend'. *New Republic*, 22 maio 2014. Disponível em: https://newrepublic.com/article/117857/unfriending-facebook-didnt-invent-verb.   Acesso em: 16 abr. 2021.

SCHLAGEL, Danielle. *Our Modern Blended Family*: A Practical Guide to Creating a Happy Home. Emeryville, CA: Rockridge Press, 2019.

US HEALTH RESOURCES & SERVICES ADMINISTRATION. *Definition of Family*. 26 jul. 2017. Disponível em: https://www.hrsa.gov/get-health-care/affordable/hill-burton/family.html. Acesso em: 16 abr. 2021.

WEGAR, Katarina. Adoption, Family Ideology, and Social Stigma: Bias in Community Attitudes, Adoption Research, and Practice. *Family Relations*, vol. 49, nº 4, p. 363–369, 2000.

WILLIAMS, Marina. *Surviving the Toxic Family*: Taking Yourself Out of the Equation and Taking Your Life Back from Your Dysfunctional Family. [*s. l.*]: Viale Publishing, 2014.

CAPÍTULO 3

AMERICAN PSYCHOLOGICAL ASSOCIATION. *Definitions of Social Class and Socioeconomic Status*. Maio de 2015. Disponível em: https://www.apa.org/pi/ses/resources/class/definitions. Acesso em: 10 mar. 2021.

AMIN, Samir. *Eurocentrism*. Nova York: Monthly Review Press, 2009.

BAILEY, Moya; IMANI, Blair. *Oppression and Empowerment*: An Honest Conversation on Intersectionality. UC San Diego Associated Students Office of External Affairs, 22 fev. 2021. [palestra online].

BHATTACHARYA, Tithi. How Not to Skip Class: Social Reproduction of Labor and the Global Working Class. *In*: BHATTACHARYA, Tithi (ed.). *Social Reproduction Theory: Remapping Class, Recentering Oppression*, p. 68–93. Londres: Pluto Press, 2017. DOI: 10.2307/j.cttlvz494j.8.

BLACK Women and the Wage Gap. *National Partnership for Women & Families*, 18 mar. 2021. Disponível em: https://www. nationalpartnership.org/our-work/resources/economic-justice/fair -pay/african-american-women-wage-gap.pdf.

BOYCE DAVIES, Carole. *Left of Karl Marx*: The Political Life of Black Communist Claudia Jones. Durham, NC: Duke University Press, 2008.

BROWNE, Jaron. Rooted in Slavery: Prison Labor Exploitation. *Race, Poverty & the Environment*, vol. 17, nº 1, p. 78–80. 2010.

BURDEN-STELLY, Charisse. *Raça, classe e capitalismo racial*. Entrevista online feita pela autora. 25 dez. 2020.

BURDEN-STELLY, Charisse; HINTZEN, Percy C. Culturalism, Development, and the Crisis of Socialist Transformation: Identity, the State, and National Formation in Thomas's Theory of Dependence. *The CLR James Journal*, vol. 22, nº 1/2, p. 191–214, 2016. Disponível em: https://www.jstor.org/stable/26752131. Acesso em: 16 abr. 2021.

COLLINS, Chuck; OCAMPO, Omar. Updates: Billionaire Wealth, U.S. Job Losses and Pandemic Profiteers. *Inequality. org*, 25 fev. 2021. Disponível em: https://inequality.org/great -divide/updates-billionaire-pandemic/. Acesso em: 16 abr. 2021.

CRENSHAW, Kimberlé. Demarginalizing the Intersection of Race and Sex: A Black Feminist Critique of Antidiscrimination Doctrine, Feminist Theory and Antiracist Politics. *University of Chicago Legal Forum*, n. 139, 1989.

DEMOCRACY AT WORK INSTITUTE. *What Is a Worker Cooperative?* Disponível em: https://institute.coop/what-worker -cooperative. Acesso em: 15 abr. 2021.

DONNER, Francesca; GOLDBERG, Emma. In 25 Years, the Pay Gap Has Shrunk by Just 8 Cents. *New York Times*, 24 mar. 2021. Disponível em: https://www.nytimes.com/2021/03/24/us/equal-pay- -day-explainer.html. Acesso em: 24 mar. 2021.

FALKINGER, Josef. Skilled and Unskilled Labor. *In*: MÜLLER, Werner A.; BIHN, Martina (ed.). *Contributions to Economics: A Theory of Employment in Firms*. Berlin: Springer-Verlag, 2002. Disponível em: https://doi.org/10.1007/978-3-7908-2649-4_5. Acesso em: 15 abr. 2021.

FEDERAL BUREAU OF PRISONS. *UNICOR*. Disponível em: https://www.bop.gov/inmates/custody_and_care/unicor_about.jsp. Acesso em 14 abr. 2021.

GLADWELL, Malcolm. *Outliers*: The Story of Success. Nova York: Little, Brown, 2008.

LAL, Priya. *African Socialism in Postcolonial Tanzania*: Between the Village and the World. Cambridge: Cambridge University Press, 2015.

LEAN IN. *Women Are Paid Less Than Men — and That Hits Harder in an Economic Crisis*. Disponível em: https://leanin.org/equal-pay-da- ta-about-the-gender-pay-gap. Acesso em: 30 abr. 2021.

LERNER, Michele. One Home, a Lifetime of Impact. *Washington Post,* 23 jul. 2020. Disponível em: https://www. washingtonpost.com/business/2020/07/23/black-homeownership -gap/. Acesso em: 14 abr. 2021.

LITTLER, Jo. *Against Meritocracy*: Culture, Power and Myths of Mobility. Londres: Routledge, 2017.

MARX, Karl; AVELING, Edward B.; UNTERMANN, Ernest; MOORE, Samuel; ENGELS, Friedrich. *Capital*: A Critique of Political Economy. Nova York: Modern Library, 1906.

MCDOWELL, Robin; MASON, Margie. Cheap Labor Means Prisons Still Turn a Profit, Even During a Pandemic. *PBS*, 8 maio 2020. Disponível em: https://www.pbs.org/newshour/economy/cheap-labor-means-prisons-still-turn-a-profit-even-during-a-pandemic. Acesso em: 13 abr. 2021.

NASH, Jennifer C. *Black Feminism Reimagined*: After Intersectionality. Durham, NC: Duke University Press, 2018.

NKRUMAH, Kwame. *Consciencism*: Philosophy and Ideology for De-colonization and Development with Particular Reference to the African Revolution. Nova York: NYU Press, 2009. Disponível em: http://www.jstor.org/stable/j.ctvwrm4jh. Acesso em: 16 dez. 2020.

ROBINSON, Cedric J. *Black Marxism*: The Making of the Black Radical Tradition. Chapel Hill: University of North Carolina Press, 2005.

SEMUELS, Alana. Getting Rid of Bosses. *The Atlantic*, 14 jul. 2015. Disponível em: https://www.theatlantic.com/business/archive/2015/07/no-bosses-worker-owned-cooperatives/397007/. Acesso em: 16 abr. 2021.

SSI SPOTLIGHT ON RESOURCES. *Understanding SSI*. Disponível em: https://www.ssa.gov/ssi/spotlights/spot-resources.htm. Acesso em: 10 abr. 2021.

SWEEZY, Paul. *The Transition from Feudalism to Capitalism*. Londres: Verso, 1978.

US DEPARTMENT OF HOUSING AND URBAN DEVELOPMENT (HUD). *2019 Point in Time Estimates of Homelessness in the U.S*. Disponível em: https://www.hud.gov/2019-point-in-time-estimates-of-homelessness-in-US. Acesso em: 10 abr. 2021.

CAPÍTULO 4

BARBARIN, Imani. *O capacitismo que nos trouxe até aqui*. Entrevista online feita pela autora. 3 jul. 2020.

BROWN, Keah. *Modelos de deficiência*. Entrevista por telefone feita pela autora. 3 jan. 2021.

CENTERS FOR DISEASE CONTROL AND PREVENTION. *Disability and Health Overview*. 16 set. 2020. Disponível em: https://www.cdc.gov/ncbddd/disabilityandhealth/disability.html. Acesso em: 16 jan. 2021.

CHARLTON, James I. *Nothing About Us Without Us*: Disability Oppression and Empowerment. Berkeley: University of California Press, 2000.

COKLEY, Rebecca. *Deficiência e capacitismo*. Entrevista por telefone feita pela autora. 22 jan. 2021.

COKLEY, Rebecca. Why 'Special Needs' Is Not Helpful. *Medium*, 1º mar. 2020. Disponível em: https://rebecca-cokley.medium.com/why--special-needs-is-1959e2a6b0e. Acesso em: 10 jan. 2021.

GOERING, Sara. Rethinking Disability: The Social Model of Disability and Chronic Disease. *Current Reviews in Musculoskeletal Medicine*, vol. 8, nº 2, abr. 2015. Disponível em: https://www.ncbi.nlm.nih.gov/pmc/articles/PMC4596173/. Acesso em: 16 abr. 2021.

IMANI, Blair. *Modern HERstory: Stories of Women and Nonbinary People Rewriting History*. Emeryville, CA: Ten Speed Press, 2018.

KAPIT, Dylan. *Neurodiversdade e autismo*. Entrevista por telefone feita pela autora. 22 fev. 2021.

LADAU, Emily. *Demystifying Disability*: What to Know, What to Say, and How to Be an Ally. Emeryville, CA: Ten Speed Press, 2021.

WONG, Alice (ed.). *Disability Visibility*: First-Person Stories from the Twenty- First Century. Nova York: Vintage Books, 2020.

CAPÍTULO 5

ALI, Akeem Omar. *Supremacismo branco e segurança nacional.* Entrevista presencial feita pela autora. 3 jan. 2021.

AMULERU-MARSHALL, Omowale. Political and Economic Implications of Alcohol and Other Drugs in the African-American Community. *In*: *An African-Centered Model of Prevention for African-American Youth at High Risk.* Relatório nº CASP-TR-6; DHHS-(SMA) 93-2015, 23. Rockville, MD: Substance Abuse and Mental Health Services Administration, 2015.

BHATTACHARYA, Tithi. Introduction: Mapping Social Reproduction Theory" *In*: BHATTACHARYA, Tithi (ed.). *Social Reproduction Theory:* Remapping Class, Recentering Oppression. Londres: Pluto Press, 2017. p. 1–20. DOI: 10.2307/j.ctt1vz494j.5. Acesso em: 16 abr. 2021.

BOEN, Courtney. Death by a Thousand Cuts: Stress Exposure and Black — White Disparities in Physiological Functioning in Late Life. *Journals of Gerontology,* Série B 75, nº 9, p. 1.937–1.950, 2020.

BROECK, Sabine. When Light Becomes White: Reading Enlightenment Through Jamaica Kincaid's Writing. *Callaloo*, vol. 25, nº 3, p. 821–843, 2002.

DARWIN, Charles. *The Descent of Man, and Selection in Relation to Sex.* Londres: J. Murray, 1871.

DAUMEYER, Natalie M.; ONYEADOR, Ivuoma N., BROWN, Xanni; RICHESON, Jennifer A. Consequences of Attributing Discrimination to Implicit vs. Explicit Bias. *Journal of Experimental Social Psychology*, vol. 84, artigo 103812, 2019.

DISNEY, A. R. *A History of Portugal and the Portuguese Empire*: From Beginnings to 1807. Cambridge: Cambridge University Press, 2013.

FUENTES, Agustín; ACKERMANN, Rebecca Rogers; ATHREYA, Sheela; BOLNICK, Deborah; LASISI, Tina; LEE, Sang-Hee; MCLEAN, Shay-Akil; NELSON, Robin. AAPA Statement on Race and Racism. *American Journal of Physical Anthropology*, vol. 169, nº 3, p. 400–402, 2019.

GLENN, Evelyn Nakano. *Unequal Freedom*: How Race and Gender Shaped American Citizenship and Labor. Cambridge, MA: Harvard University Press, 2004.

HAWN, Hilary. *Antissemitismo*. Entrevista por e-mail feita pela autora. 17 fev. 2021.

IMANI, Blair. *Making Our Way Home*: The Great Migration and the Black American Dream. Emeryville, CA: Ten Speed Press, 2020.

INTERNATIONAL HOLOCAUST REMEMBRANCE ALLIANCE. *Working Definition of Antisemitism*. Disponível em: https://www.holocaustremembrance.com/resources/working-definitions-charters/working-definition-antisemitism. Acesso em: 10 jan. 2021.

JEWISH VIRTUAL LIBRARY. Modern Jewish History: The Spanish Expulsion (1492). Disponível em: https://www.jewishvirtuallibrary.org/the-spanish-expulsion-1492. Acesso em: 10 jan. 2021.

LINNAEUS, Carl. *Systema Naturae*, 1758. Disponível em: http://resolver.sub.uni-goettingen.de/purl?PPN362053006. Acesso em: 10 jan. 2021.

MARYLAND STATE ARCHIVES. *Blacks before the Law in Colonial Maryland*. Chapter III: Freedom or Bondage — The Legislative Record. 14 nov. 2000. Disponível em: https://msa.maryland.gov/msa/speccol/sc5300/sc5348/html/chap3.html. Acesso em: 16 abr. 2021.

MCKNIGHT, Utz. *Everyday Practice of Race in America*: Ambiguous Privilege. Londres: Routledge, 2010.

MCLEAN, Shay-Akil. *Du Bois Meets Darwin*. Tese (Doutorado) — Universidade do Illinois, Urbana-Champaign, 2020.

MCLEAN, Shay-Akil. *Isolation by Distance and the Problem of the 21st Century*. 2020.

MCLEAN, Shay-Akil. Race/ism: A Human Ecological System. *Queering Research 2020-21: Racial Justice, Health Justice*, 28 jan. 2021. [palestra online].

MCLEAN, Shay-Akil. Social Constructions, Historical Grounds. *Practicing Anthropology*, vol. 42, nº 3, p. 40–44, 2020.

MCLEAN, Shay-Akil. Entrevistas feitas pela autora por e-mail, telefone e online. Dez. 2020–Abr. 2021.

MEINERS, Christoph. *Grundriß der Theorie und Geschichte der schönen Wissenschaften*. Alemanha: im Verlage der Meyerschen Buchhandlung, 1787.

MOSES, Yolanda T.; JONES, Joseph L.; GOODMAN, Alan H. *Race: Are We So Different?* Londres: Wiley, 2019.

MOYA-SMITH, Simon. *Povos indígenas*. Entrevista por telefone feita pela autora. 20 nov. 2020.

OLUO, Ijeoma. *Raça*. Entrevista por telefone feita pela autora. 17 dez. 2020.

OYĚWÙMÍ, Oyèrónkẹ́. *The Invention of Women: Making an African Sense of Western Gender Discourses*. Minneapolis: University of Minnesota Press, 1997.

PARFITT, Tudor. *Hybrid Hate*: Conflations of Antisemitism and Anti-Black Racism from the Renaissance to the Third Reich. Oxford, RU: Oxford University Press, 2020.

PIERCE, Chester M., WILLIE, Charles V.; RIEKER, Patricia P.; KRAMER, Bernard M.; BROWN, Betram (ed.). *Mental Health, Racism and Sexism*. Londres: Taylor & Francis, 1995.

ROBERTS, Dorothy E. *Fatal Invention*: How Science, Politics, and Big Business Re-create Race in the Twenty-First Century. Nova York: New Press, 2012.

ROOSEVELT, Franklin Delano. Transcript of Executive Order 9066: Resulting in the Relocation of Japanese (1942). *US National Archives and Records Administration*, 19 fev. 1942. Disponível em: https://www.ourdocuments.gov/doc.php?flash=false&doc=74&page=transcript.

RUSH, Benjamin. Observations Intended to Favour a Supposition That the Black Color (as It Is Called) of the Negroes Is Derived from the Leprosy. *Transactions of the American Philosophical Society*, vol. 4, 1799, p. 289–297. DOI: 10.2307/1005108. Acesso em: 16 dez. 2020.

SAAD, Layla F., *Me and White Supremacy*: Combat Racism, Change the World, and Become a Good Ancestor. Naperville, IL: Sourcebooks, 2020.

TAUB, Amanda. How Australia's Twisted Racial Politics Created Horrific Detention Camps for Immigrants" *Vox*, 4 nov. 2014. Disponível em: https://www.vox.com/2014/11/4/7138391/australia-racism-immigration-asylum.

TAYLOR, Michelle B. *Feminismo & Raça*. Entrevista por telefone feita pela autora. 23 dez. 2020.

THOMSON, Keith Stewart. Eleven: The Color of Their Skin. *In*: *Jefferson's Shadow*. New Haven, CT: Yale University Press, 2012. p. 134–142.

US CENSUS BUREAU. *Index of Questions*. US Census Bureau — Histórico. Modificado pela última vez em 27 ago. 2009. Disponível em: https://web.archive.org/web/20090901084138/http://www.census.gov/history/www/through_the_decades/index_of_questions/.

WOLFE, Patrick. Recuperating Binarism: A Heretical Introduction. *Settler Colonial Studies*, vol. 3, p. 257–179, 2013.

WOLFE, Patrick. *Traces of History*: Elementary Structures of Race. Londres: Verso Books, 2016.

ZUBERI, Tukufu. *Revisão sobre raça*. Entrevista por telefone feita pela autora. 5 abr. 2021.

ZUBERI, Tukufu. *Thicker Than Blood: How Racial Statistics Lie*. Minneapolis: University of Minnesota Press, 2001.

CAPÍTULO 6

ARISTÓTELES. *The History of Animals*. Traduzido por D'Arcy Wentworth Thompson. The Internet Classics Archive. Disponível em: http://classics.mit.edu/Aristotle/history_anim.html.

BAILEY, Moya. *Misogynoir*. Entrevista por e-mail feita pela autora. 3 abr. 2021.

BEECHER, Donald. Concerning Sex Changes: The Cultural Significance of a Renaissance Medical Polemic. *Sixteenth Century Journal*, vol. 36, nº 4, p. 991–1.016. 2005. DOI: 10.2307/20477588. Acesso em: 16 abr. 2021.

CERVINI, Eric. *The Deviant's War*: The Homosexual vs. the United States of America. Nova York: Farrar, Straus and Giroux, 2020.

CLEMINSON, Richard; GARCÍA, Francisco Vázquez. From Sex as Social Status to Biological Sex. In: *Hermaphroditism, Medical Science and Sexual Identity in Spain, 1850–1960*, p. 29–77. Cardiff, RU: University of Wales Press, 2009. Disponível em: http://www.jstor.org/stable/j.ctt9qhdks.6. Acesso em: 16 fev. 2021.

DOZONO, Tadashi. Teaching Alternative and Indigenous Gender Systems in World History: A Queer Approach. *History Teacher*, vol. 50, nº 3, p. 425–447. 2017. Disponível em: http://www.jstor.org/stable/44507259. Acesso em: 3 jan. 2021.

FAUCETTE, Avory. Chapter Four: Fucking the Binary for Social Change: Our Radically Queer Agenda. *Counterpoints,* vol. 437, p. 73–88, 2014. Disponível em: http://www.jstor.org/stable/42981932. Acesso em: 3 jan. 2021.

HEREK, Gregory M. On Heterosexual Masculinity: Some Psychical Consequences of the Social Construction of Gender and Sexuality. *American Behavioral Scientist*, vol. 29, nº 5, p. 563–577, 1986.

HILL COLLINS, Patricia. *Black Sexual Politics*: African Americans, Gender, and the New Racism. Londres: Routledge, 2004.

INTERSEX JUSTICE PROJECT. *Resources*. 2020. Disponível em: https://www.intersexjustice project.org/resources.html.

LINDSEY, Linda L. *Gender Roles*: A Sociological Perspective. Londres: Routledge, 2015.

MARTINEZ, Kay P. *Misgendering*. Entrevista por e-mail feita pela autora. 6 abr. 2021.

MCLEAN, Shay-Akil. Glossary of Key Terms. *Decolonize ALL the Things*. 12 jul. 2017. Disponível em: https://decolonizeallthethings.com/learning-tools/glossary-of-key-terms/.

MCLEAN, Shay-Akil. Issues of Power, Not Bathrooms. *Equality for HER*. YouTube, 31 mar. 2017. Disponível em: https://www.youtube.com/watch?v=gCTQUx3B7-o.

MCLEAN, Shay-Akil. *Sexo e gênero*. Entrevista por telefone feita pela autora. 5 fev. 2021.

MORRISON, Donald. Aristotle's Definition of Citizenship: A Problem and Some Solutions. *History of Philosophy Quarterly,* vol. 16, nº 2, p. 143–165, 1999. Disponível em: http://www.jstor.org/stable/27744812. Acesso em: 16 abr. 2021.

NEIMAN, Leah. *Ancient Philosophy and Science Concerning Gender and Sex.* Entrevista por telefone feita pela autora. 30 jul. 2020.

OYĚWÙMÍ, Oyèrónké. *The Invention of Women*: Making an African Sense of Western Gender Discourses. Minneapolis: University of Minnesota Press, 1997.

SMITH, Nicholas D. Plato and Aristotle on the Nature of Women. *Journal of the History of Philosophy*, vol. 21, nº 4, p. 467–78. 1983.

VAID-MENON, Alok. *Beyond the Gender Binary.* Nova York: Penguin Workshop, 2020.

WALL, Sean Saifa. *Intersex Understandings.* Entrevista por telefone feita pela autora. 5 abr. 2021.

WESTBROOK, Laurel; SAPERSTEIN, Aliya. New Categories Are Not Enough: Rethinking the Measurement of Sex and Gender in Social Surveys. *Gender and Society*, vol. 29, nº 4, p. 534–560, 2015. Disponível em: http://www.jstor.org/stable/43669994. Acesso em: 3 jan. 2021.

AGRADECIMENTOS

Leia Isso e Aprenda é meu terceiro livro e ele registra meu método de ensino, que combina concisão, narrativas pessoais, história, sociologia, teoria crítica de raça, interseccionalidade e compaixão. Este livro é testemunha do meu crescimento como indivíduo e como educadora. Não poderia tê-lo completado sem o apoio da minha família, de meus amigos e de meus colegas.

Agradeço meus pais, Mamãe e Papai Imani, por me motivarem durante o processo, lerem incontáveis rascunhos e permitirem que eu compartilhasse com meus leitores suas histórias pessoais. Vocês me criaram para ser intensamente questionadora e solidária, e esses traços continuam a orientar meu senso de identidade e meu trabalho.

Agradeço meu parceiro e amor da minha vida, Akeem Omar Ali, por estar aberto ao meu fluxo de consciência e por me apoiar durante todo o processo mesmo enquanto trabalhava em sua própria pesquisa e dissertação. Eu sou grata pela sua presença em minha vida, seu amor e camaradagem, suas ideias sobre a mecânica do supremacismo branco e da política.

Agradeço minhe melhor amigue, Ren Fernandez-Kim, por garantir que eu cumprisse prazos, fizesse pausas para dançar, bebesse água e incluísse ideias antropológicas. Sua amizade vem sendo uma dádiva consistente, e sou grata por ter você.

168 LEIA ISSO E APRENDA

Agradeço meu colega, amigo e irmão Shay-Akil McLean por seu compromisso com a ética, a comunidade e o ensino público. Você sempre esteve aberto a meus convites para colaboração, e por isso sou grata. Seu trabalho embasa meu entendimento de sociologia, teoria crítica de raça, sexo, gênero, bioética e decolonização, e trabalhar com você neste livro me tornou alguém mais atenta e consciente.

Agradeço minhas mentoras e orientadoras Keah Brown (sobre deficiência e representatividade), Michelle Taylor (sobre estudos de gênero e feminismo), Charisse Burden-Stelly (sobre raça e classe), Glory Edim (sobre todo o processo de publicação), Moya Bailey (sobre gênero, raça e misoginegra), Sean Saifa Wall (sobre bioética e justiça intersexo), Layla F. Saad (sobre supremacismo branco e identidade) e Sarah Gibson Tuttle (sobre negócios). Cada uma de vocês me recebeu generosamente em sua vida e me ofereceu apoio, orientação, sabedoria, conselhos e listas de leitura em abundância no decorrer deste processo desafiador.

Gostaria de agradecer meu time na Ten Speed Press: Kimmy Tejasindhu, Want Chyi, Kelly Booth, Lauren Rosenberg, Dan Myers, Felix Cruz e Monica Stanton. Cada um de vocês contribuiu para o processo de transformar este livro de uma ideia em uma realidade. Sou grata a cada um pelo tempo e dedicação que tornaram isso possível.

Agradeço minha agente genial, Emily Tepper, por continuar me defendendo e me apresentando possibilidades além dos meus sonhos mais loucos, obrigada.

Agradeço meus obstinados agentes de palestra, Sean Lawton e Darlene DiFrishia.

Gratidão especial a minhas queridas irmãs Chelsea, Marlena e Nancy, meus queridos irmãos Brandon e Chris Kenna, minha tia Nikki e meu tio Chuck, sempre encorajadores, e meus queridos cunhados, Betty e Ibrahim.

Agradeço também Aja Barber, Alexis Androulakis, Andrea Lausell, Cameron Katz, Cami Zea, Christina Basias, Courtney Quinn, Dylan Kapit, Ericka McGriff, Ijeoma Oluo, Imani Barbarin,

Janice Johnson Dias, Jennifer C. Nash, June Eric-Udorie, Kate Pinto, Kay P. Martinez, Kimberlé Crenshaw, Kọ́lá Túbọ̀sún, Lauren Melissa Ellzey, LeVar Burton, Leah Neiman, Maggie Giles, Mandi Dorrell, Mari Ortega, Mia Ives-Rublee, Rebecca Cokley, Schuyler Bailar, Simon Moya-Smith, Victoria Abraham e Zahra Wakilzada. Obrigada a todos os meus maravilhosos aprendizes, por aprenderem mais comigo todos os dias.

SOBRE A AUTORA

Blair Imani é historiadora, autora, educadora e influenciadora aclamada pela crítica, que vivencia as interseções identitárias de negra, bissexual e muçulmana. O *New York Times* elogiou sua habilidade única de criar "lições progressivas com visuais vibrantes e transmitidas de forma animada e peculiar". Ela é autora de *Making Our Way Home: The Great Migration and the Black American Dream* (2020) e *Modern HERstory: Stories of Women and Nonbinary People Rewriting History* (2018). Seu trabalho foca mulheres e meninas, comunidades negras globais e comunidade LGBTQ+. Como *influencer* e historiadora, organizadora semiaposentada e palestrante, Blair se dedica a fazer do mundo um lugar melhor e a ampliar as vozes e o trabalho dos que lutam por justiça. Aprenda mais sobre ela visitando blairimani.com e a seguindo nas redes sociais, @blairimani.

ÍNDICE

A

abuso 42

acolhimento familiar 30

acúmulo de renda 71

adoção 26, 29

   adoção aberta 29

   adoção doméstica 29

   adoção fechada 29

   adoção informal 29

   adoção internacional 30

   adoção legal 29

   adoção semiaberta 29

   adoção transracial 30

agênero 127

amizade 34

amizades circunstanciais 37

ansiedade social 45

antissemitismo 108, 110

apagamento bissexual 2

apartheid 105

apelidos 5

apoio financeiro 61

assexual 139, 141

autismo 86

B

bigênero 134, 141

binário 126

binarismo de gênero 127, 132

binarismo de sexo 131

bissexual 141

bissexualidade 138

branquitude 95, 106

C

capacitismo 61, 76, 80, 89,

112, 119

capitalismo 56, 63, 66, 71

  capitalismo racial 64, 69

características sexuais 126

casamento 26, 40

cisgênero 127, 133, 141

cisnormatividade 127, 131

classe 119

classes sociais 55

classicismo 56, 61, 112

classificações de trabalho 59

colonialismo 97

complexo do branco salvador 97

comunalismo 63

comunicação 46, 48

comunismo 63, 66

consentimento 43, 46

construção social 95, 127

conversas difíceis 49

convicções políticas 19

cooperativas de trabalhadores 72

cooperativismo 73

coparentalidade 27

crenças 1, 17, 50, 62, 89

  crenças espirituais 19

  crenças pessoais 41

  crenças religiosas 19, 20, 41

currículos branqueados 10

D

deadnaming 8, 17

deficiência 75, 82

  deficiência auditiva 87

  deficiência cognitiva 86, 90

  deficiência de aprendizagem 86

  deficiência de desenvolvimento 87, 90

  deficiência intelectual 86

  deficiência neurológica 87

  deficiência psiquiátrica 88, 91

  deficiência visual 88

definição McLean-Imani 131

demigênero 134, 141

democracia 68

dependência do uso de substâncias 88

desigualdade salarial 60

doenças crônicas 86

dois-espíritos 132, 139, 142

dominação colonialista 97

doutrinação cristã 99

Dum Diversas 96, 98

E

economia cooperativa 72

Édito de Expulsão 98, 108

ÍNDICE 175

encarceramento 64
Escala de Kinsey 137
escravidão 99
escravização 97
espiritualidade 20
estereótipos explícitos 115
estereótipos implícitos 115
estrutura de classes 56
estrutura de relacionamento 39, 40
estruturas familiares 27, 28, 29, 32
eugenia 78
  eugenia negativa 78
  eugenia positiva 78
eurocentrismo 56
eurocolonialismo 81, 133
expressão de gênero 135

F

família 26, 31
fé 5, 19
feminilidade 135
feudalismo 63
fragilidade branca 113
frenologia 101

G

gaslighting 42
gatekeeping 78

gay 141
genderqueer 134
gênero 5, 7, 8, 15, 125, 131, 133
  gênero fluido 134, 141
  gênero neutro 7
gentrificação 123
Grande Cadeia do Ser 98

H

habilidade 59
habitação 121
heteronormatividade 127, 137
heterossexual 141
hierárquico 94
holocausto 104, 109
homofobia 33

I

identidade 1
  identidade de gênero 1, 7, 14, 15, 131, 133
  identidade de raça 2, 112
  identidade nacional 2, 106
  identidade pessoal 1, 7, 14, 20, 83, 115, 131, 136, 143
  identidade religiosa 2
  identidade social 1, 20, 55,

143
iluminismo 98
imperialismo 97, 118, 132
Indian Population Schedule 103
indígena 97
insourcing 64
interseccionalidade 59, 80
intersexo 130, 139, 141
intimidade 39
iorubá 132

L

legislação
Decreto Code Noir 99
Lei da Imigração de 1924 103
Lei de Defesa do Casamento 41
Lei de Exclusão dos Chineses 102
Lei de Naturalização 101
Lei de Proibição de Casamentos Mistos 105
Lei de Registro de Estrangeiros 104
Leis de Nuremberg 104
lésbica 142
LGBTQ+ 139
LGBTQIA+ 139
limites 45

linguagem capacitista 90
linguagem identity-first 82
linguagem person-first 82

M

masculinidade 135
mérito 57
meritocracia 57
microagressão 116
misogynoir 132
mobilidade reduzida 87
modelos de deficiência 77
modelo caritativo ou trágico 81
modelo de reabilitação ou individual 79
modelo econômico 81
modelo médico 77
modelo social 79
monogamia 40
monoteísmo 19
muçulmanos 97, 98
mundo ocidental 56

N

não binárie 142
não teísmo 19
nativo 97
negligência racista 111
negroidismo 100

neopronomes 16

neurodiversidade 86

neutralidade 135

nomes 3, 7, 21

   nome da família 11

   nome de nascença 3, 5

   nome morto 8

   nomes de escravo 13

normas sociais 47

O

onissexual 140, 142

orientação sexual 1, 2, 125, 136

ouvintes 87

ouvintismo 87

P

pansexual 139, 142

papéis de gênero 134

partus sequitur ventrum 98

paternalismo branco 97

patriarcado 127

patronímico 11

pedido de desculpas 42, 52, 120

pensamento crítico 17, 18, 19

pertencimento social 2

pessoas com deficiência 75, 79, 89

pessoas racializadas 94

pessoas sem deficiência 76, 89

poliamor 40

polissexual 140, 142

politeísmo 19

política 63

povo judeu 108

povos indígenas 132

povos não cristãos 97, 98

preconceitos 115

pressão social 45, 46

privacidade 25

prognatismo 100

pronomes 14, 22

   pronome neutro 16

pronúncia 6

Q

queer 138, 142

questionando 139

R

raça 5, 30, 93, 94, 98, 105, 106, 111

racialização 30, 94, 105, 106

racismo 28, 81, 91, 94, 95, 105, 111, 119

   racismo institucional 94, 113, 121, 123

   racismo internalizado 112

   racismo interpessoal 94,

113, 115, 119, 120

racismo intrapessoal 94, 112, 116

racismo reverso 112

racismo sistêmico 121

Ramadá 20, 21

redes sociais 37

redlining 69, 121

relação tóxica 42

relacionamentos 23, 34, 37, 39, 44

relacionamentos íntimos 34, 38, 40

religião 19, 20, 21, 105

reprodução social 95

S

sair do armário 143

sangue negro 102

segurança 25

semita 110

sexismo 112, 127

sexo 125, 128

sexualidade 126, 136

sistemas de crença 20

sobrenome 11

socialismo 66

socioeconômico 55

sotaque 119

superexploração trabalhista 64

supremacia branca 106, 109, 117, 123

supremacismo 89, 112, 114

T

TDAH 78, 86

trabalho 58

transfobia 8, 33, 134

transgênero 127, 133, 142

transição de gênero 8

U

ubuntu 24, 35, 39, 72, 116, 134

ujamaa 72

V

valores 17, 22, 37

viés de confirmação 18

violência interpessoal 42

X

xenofobia 118

Projetos corporativos e edições personalizadas
dentro da sua estratégia de negócio. Já pensou nisso?

Coordenação de Eventos
Viviane Paiva
viviane@altabooks.com.br

Contato Comercial
vendas.corporativas@altabooks.com.br

A Alta Books tem criado experiências incríveis no meio corporativo. Com a crescente implementação da educação corporativa nas empresas, o livro entra como uma importante fonte de conhecimento. Com atendimento personalizado, conseguimos identificar as principais necessidades, e criar uma seleção de livros que podem ser utilizados de diversas maneiras, como por exemplo, para fortalecer relacionamento com suas equipes/ seus clientes. Você já utilizou o livro para alguma ação estratégica na sua empresa?

Entre em contato com nosso time para entender melhor as possibilidades de personalização e incentivo ao desenvolvimento pessoal e profissional.

PUBLIQUE SEU LIVRO

Publique seu livro com a Alta Books.
Para mais informações envie um e-mail para: autoria@altabooks.com.br

 /altabooks   /alta-books   /altabooks   /altabooks

CONHEÇA OUTROS LIVROS DA **ALTA BOOKS**

Todas as imagens são meramente ilustrativas.

Este livro foi impresso nas oficinas gráficas da Editora Vozes Ltda.,
Rua Frei Luís, 100 – Petrópolis, RJ.